は じ め に

　税務調査においては、税務当局から、調査官による事実認定とこれに基づく申告内容の是否認の判断についての説明等がありますが、その説明等の内容が納税者の意見と異なることが少なからずともあるのではないかと思います。

　是否認とは、「是認」及び「否認」のことで、税務当局に〜てよく使われる言葉ですが、「是認」は申告した内容に〜局がこれを肯定する場合に使われ、これに対〜認しない意味で使われます。したがっ〜告書の提出のしょうようという形で申〜められることになりますが、これに応じ〜務当局から更正等の処分を受けることになります。

　本書では、税務調査における是否認事例等について、その否認理由等から否認に至った状況を推理し、あるいは想定し、是認と否認の接点を探る目的でまとめてみました。

　掲載した事例には、調査事例のほか、裁判例・裁決例や質問の中で重要と思われる質疑応答事例を参考としたものも含まれていますが、その事実関係は要約して概略的かつ平板的な記述にとどめていますので、これを参考とされる場合には、各納税者の実情を加味したところで取り扱われますようお願いいたします。

　なお、文中意見にわたる部分は、個人的見解であることを念のため申し添えます。

　令和 6 年 1 月

　　　　　　　　　　　　　　佐藤　和助 ・ 渡辺　正弘

目　　次

Ⅴ 所得控除・税額控除

①

受け取った休業補償金

調 査 事 例

　個人タクシー業を営むＡ、Ｂは、交通事故に遭い、次のとおり休業補償金を受け取ったが、２人とも事業所得の金額の計算上、総収入金額に算入していなかった。

（納税者Ａ）

○　入院中から退院後身体が回復するまでの期間の休業補償金　100万円

（納税者Ｂ）

○　車輌修理期間中の休業補償金　　　　50万円

　ところが、税務調査において、Ａの場合は是認されたが、Ｂの場合は、休業補償金が事業所得の総収入金額に加算された。

　休業補償金など、受け取った保険金や損害賠償金（これに類するものが含まれます。以下「損害賠償金等」といいます。）の課税関係については、人的損害に基因する損害賠償金等は非課税となりますが、物的損害に基因する損害賠償金等は非課税となるものと課税されるものがあります（所法９①十八）。

　その概要等は次のとおりです。

1　受け取った休業補償金

区分・取得原因			課税関係	具体例
【人的損害】心身に加えられた損害に基因して取得するもの	給与又は収益の補償		非課税 (所令30一)	給与又は事業の収益の補償として加害者から受けるもの
	慰謝料その他精神的補償料など		非課税 (所令30一)	示談金、慰謝料
	相当の見舞金		非課税 (所令30三)	いわゆる災害見舞金
【物的損害】資産に加えられた損害に基因して取得するもの	棚卸資産、山林、工業所有権、著作権など		課税 (所令94①一) ＝注1＝	棚卸資産の火災保険金、特許権の侵害による補償金
	店舗、車輛などの固定資産	収益の補償	課税 (所令94①二) ＝注1＝	復旧期間中の休業補償金（販売機の破損等）
		資産そのものの損害の補償 消滅に対する補償を約したもの	課税 (所令95) ＝注2＝	収用等により、漁業権、水利権等が消滅することで受けるもの
		資産そのものの損害の補償 不法行為・突発的な事故によるもの	非課税 (所令30二)	店舗の損害により受ける損害賠償金、火災保険金
		相当の見舞金	非課税 (所令30三)	いわゆる災害見舞金
必要経費に算入される金額を補塡するために受ける損害賠償金等			課税 (所令30かっこ書)	従業員の給料、一時借りした仮店舗の賃借料
債務不履行により受ける損害賠償金等			課税 (所法36) ＝注1＝	違約金、遅延利息

（注1）　損害賠償金等は、不動産所得、事業所得、山林所得又は雑所得の総収入金額に算入される。

（注2）　損害賠償金等は、譲渡所得の総収入金額に算入される。

Aさんのケース

　Aさんが受け取った休業補償金は、Aさんの身体の傷害（人的損害）に基因して支払われたものであり、非課税所得と認定されたものです。

 Bさんのケース

　Bさんが受け取った休業補償金は、資産（車）に加えられた損害（物的損害）に基因して、「収益の補償」として支払われたものであり、非課税所得には該当せず、事業所得の総収入金額に代わるものであると認定されたものです。

是否認の接点

　休業補償金など、受け取った損害賠償金等が非課税所得となるか、課税対象となるかは、その名称等にかかわらず、「その損害賠償金等が、身体の傷害や心身に加えられた損害（人的損害）に基因して支払われるものであるかどうか」が判断の第一のポイントとなります（所法9①十八、所令30）。

　人的損害に基因して支払われる損害賠償金等については非課税所得となりますが、物的損害に基因して支払われる損害賠償金等については、上記の表に当てはめて、非課税所得となるか、課税対象となるかを判断することになります。

　例えば、交通事故により車輌が壊れ、これを賠償する損害賠償金等を受け取った場合は、上記の表の「資産そのものの損害の補償」「不法行為・突発的な事故によるもの」に該当し、非課税所得とな

Ⅰ

課税・非課税、各種所得の帰属、種類等

ります。

　なお、資産損失額は次の算式により計算することとされており、受け取った損害賠償金は、その計算に当たり「保険金等」として控除することとなります（所法51①）。

損失額＝損失発生直前の未償却残高－損失発生直後の時価
　　　　－廃材価額－保険金等

　原状回復費用については、①資産損失の基礎価額（上記計算式の損失額）に達するまでの金額は資本的支出（必要経費不算入）とし、②それを超える部分の金額を必要経費（修繕費）に算入することになります（所基通51－3）。

　また、収益の補償等として課税対象となる場合において、例えば、棚卸資産に係る火災保険金を受け取った場合には、その保険金は事業所得の総収入金額に算入されますが、一方、その被災した棚卸資産の仕入金額は売上原価を構成することから、その受け取った保険金の全額が課税の対象とされるのではなく、その保険金と売上原価との差額が所得金額又は損失額として計算されることになります。

月極め駐車場に係る不動産所得の帰属

調査事例

　納税者Ａ、Ｂは、それぞれ父が所有する土地を無償で借り受け、次のとおり月極め駐車場を営んでおり、Ａ、Ｂは、それぞれの名義により、不動産所得として申告した。

（納税者Ａ）

○　駐車場利用者との契約はＡ名義で行い、その手続や集金等は、すべてＡが行っている。また、駐車場から生じた利益はＡが費消等している。

○　駐車場は立体型で、平置き場は舗装をしており、それらの費用及び固定資産税等の費用はＡが負担している。

（納税者Ｂ）

○　駐車場利用者との契約はＢ名義で行い、その手続や集金等は、すべてＢが行っている。また、駐車場から生じた利益はＢが費消等している。

○　駐車場は、平置きのいわゆる「青空駐車場」であり、隣地との境界の簡易フェンス及び簡易舗装を施し、駐車スペースを区分するラインは引いているが、それ以外に特に設備等を有していない。なお、簡易フェンス・舗装の設置費用及び固定資産税等の費用はＢの父が負担している。

　ところが、税務調査において、Ａの場合はＡの不動産所得として是認されたが、Ｂの場合はＢの父の不動産所得と認定された。

1　収益（所得）が誰に帰属するものであるかについて、所得税法は第12条に実質所得者課税の原則を規定し、その解釈通達としての所得税基本通達に「資産から生ずる収益」と「事業から生ずる収益」とに分けて次のように定めています。

(1)　資産から生ずる収益を享受する者が誰であるかは、その収益の基因となる資産の真実の権利者が誰であるかにより判定すべきであるが、それが明らかでない場合には、その資産の名義者が真実の権利者であるものと推定する（所基通12-1）。

(2)　事業から生ずる収益を享受する者が誰であるかは、その事業を経営していると認められる者（事業主）が誰であるかにより判定する（所基通12-2）。

2　ところで、有料駐車場等の所得については、管理人を置き自動車の出入りを管理している場合や時間極めで料金を収受しているなど自己の責任において保管している場合には、事業所得又は雑所得とされ、そうでない場合は不動産所得とされています（所基通27-2）。

3　有料駐車場等の所得の帰属者を判断する場合、一般的には、まず、その所得の種類を判定し、①不動産所得に区分される場合には、その収益の帰属者は、「駐車場」という資産の真実の権利者が誰であるかによって判定し、それが誰であるか明らかでないときは、その「駐車場」の所有名義人が収益の帰属者とされることになり、また、②事業所得又は雑所得に区分される場合には、その駐車場経営という事業を誰が経営しているかによって判定することになります。

Aさんのケース

　Aさんの場合は、駐車場経営の収益は単なる土地の貸付けによるものではなく、また、「駐車場」という資産の真実の権利者はAさんであると判断され、Aさん名義の不動産所得の申告が認められたものです。

Bさんのケース

　Bさんの場合は、土地の所有者はBさんのお父さんであり、また、簡易舗装等の設置費用もBさんのお父さんが負担していることなどから、その青空駐車場の真実の権利者はBさんのお父さんであると判断され、お父さんの不動産所得と認定されたものです。

 是否認の接点

　有料駐車場による収益（所得）については、事業所得又は雑所得に該当する場合と、調査事例のように不動産所得に該当する場合があります（所基通27-2）が、不動産所得の場合は、一般的には、資産から生ずる収益として、その収益の基因となる資産の真実の権利者に対して、また、それが誰であるか明らかでない場合にはその資産の名義人に対して課税されることになります（所基通12-1）。

　調査事例についてみますと、Aさんの場合は、土地の所有者（権利者）はAさんのお父さんですが、Aさんが立体型駐車場を建築し、舗装路面工事を行うなど、相当の費用を負担していることなどから、「駐車場」という資産の真実の権利者がAさんであると判断され、その収益（所得）はAさんに帰属すると認定されたものです。

I

課税・非課税、各種所得の帰属、種類等

　これに対して、Ｂさんの場合は、いわゆる「青空駐車場」でフェンスや舗装も簡易な設備であることなどから、お父さんの所有する土地の貸付けであると認定されたものです。

　なお、Ｂさんの場合、その収益（所得）をＢさんが費消していることから、その収益はＢさんが享受している（収益はＢさんに帰属する）のではないかという疑問が生ずるかと思いますが、所得税法第12条の規定は資産から生ずる収益はその資産の真実の権利者が享受すると解されることから、その収益は真実の権利者であるＢさんのお父さんが第一次的に享受しているとみるべきものであって、Ｂさんは単に二次的にその配分にあずかっている（労務の対価を超える部分は贈与）に過ぎないと解されているものです。

3

親族（夫婦）間における事業主の判定

調 査 事 例

医師であるＡ、Ｂは、それぞれの妻も医師の資格を有し、それぞれ夫婦で一つの医院を営んでいるが、所得税の申告は、夫と妻と別々に事業所得として申告をした。

なお、Ａ、Ｂは、生計の主宰者である。

（納税者Ａ）

○　ＡとＡの妻の収入及び必要経費については、各人ごとに区分して経理している。

○　開業資金は、夫婦連名の銀行借入れによっている。

○　Ａの妻の従事状況は、Ａからの指示を受けることなく、Ａの妻が患者の診療・治療等を行い、主体的に事業に従事している。

○　患者は、ＡとＡの妻とで別々に診察等を受けている。

（納税者Ｂ）

○　ＢとＢの妻は収支を区分しておらず、すべて一緒に経理している。

○　開業資金は、全てＢ名義の銀行借入れによっている。

○　患者はすべてＢが診療・治療等を行い、Ｂの妻はＢの指示に基づいて補助的に診療・治療等を行っている。

税務調査において、Ａの場合は夫婦それぞれの申告として是認されたが、Ｂの場合は、Ｂが事業主であるとして、Ｂの妻名義で申告した所得はＢに帰属するものとされた。

事業から生ずる収益を享受する者が誰であるかは、その事業を経営していると認められる者（以下「事業主」といいます。）が誰であるかにより判定するというのが、所得税法の基本的な考え方です（所基通12－2）。

　そして、生計を一にしている親族間における事業（農業を除き、医師等の自由職業が含まれます。）の事業主が誰であるかの判定をする場合には、その事業の経営方針の決定につき支配的影響力を有すると認められる者がその事業の事業主に該当するものと推定することとされています（所基通12－5）。

　なお、この場合において、その支配的影響力を有すると認められる者が明らかでないときには、次により取り扱うこととされています（所基通12－5）。

(1)　生計を一にしている者が一の店舗における事業を経営し、他の親族が他の店舗における事業に従事している場合又は生計を主宰している者が会社、官公庁等に勤務し、他の親族が事業に従事している場合において、その他の親族がその事業の用に供している資産の所有者又は賃借権者であり、かつ、その従事する事業の取引名義者（その事業が免許事業である場合には、取引名義者であるとともに免許の名義者）である場合は、その他の親族が従事している事業の事業主は、その他の親族と推定する（所基通12－5(1)）。

(2)　その生計を主宰している者以外の親族が医師等の自由職業者[注]として、生計を主宰している者とともに事業に従事している場合は、その親族に係る収支と生計を主宰している者に係る収支とが区分されており、かつ、その親族の従事している状態が、生計を主宰している者に従属していると認められないときには、その事業のうちその親族の収支に係る部分については、その親族

が事業主に該当するものと推定する（所基通12−5(2)）。

⑶ ⑴又は⑵の場合のほか、生計を主宰している者が遠隔地におい
て勤務し、その者の親族が国もとにおいて事業に従事している場
合のように、生計を主宰している者と事業に従事している者とが
日常の起居を共にしていない場合は、その親族が従事している事
業の事業主は、その親族と推定する（所基通12−5(3)）。

⑷ その他の場合は、生計を主宰している者が事業主に該当するも
のと推定する（所基通12−5）。

(注) 「医師等の自由職業者」とは、医師、歯科医師、薬剤師、弁護士、税理
士、公認会計士、あん摩マッサージ指圧師等の施術者、映画演劇の俳優そ
の他の自由職業者をいいます。

 ## Aさんのケース

Aさんの場合は、事実関係からみて、医院経営の支配的影響力が
AさんとAさんの妻とのいずれにあるか明らかでないことから、そ
の収支の区分の状況や従事状況等（所基通12−5(2)）によって判断し、
夫婦それぞれの申告として是認されたものです。

 ## Bさんのケース

Bさんの場合は、事実関係からみて、医院経営の支配的影響力が
Bさんにあると認められること、更に、その収支の区分をしていな
いことやBさんの妻が補助的な診療・治療等にとどまっていること
などからみて、Bさん1人の所得として申告すべきものと認定され
たものです。

I

課税・非課税、各種所得の帰属、種類等

是否認の接点

　生計を一にする親族間における事業の事業主を判定する場合で、その事業が医師等の自由職業であるときには、その事業の内容が主に人的役務の提供であることなどから、食料品店や飲食店などの「家族ぐるみの経営」とは事業の内容が異なり、生計主宰者であることが事業主の判定にそれほど強く結び付くものではないと考えられます。

　そのため、所得税基本通達において、生計を一にする親族間において、生計主宰者とそれ以外の者が、例えば開業医として医院で一緒に事業に従事している場合には、まず、医院の経営方針決定の支配的影響力のある者を事業主と推定すること、第二に、収支の区分の状況や事業従事状況により事業主を推定すること、そして第三に、生計主宰者を事業主と推定すること、というように順を追って判断して取り扱うこととしているのは上記のとおりです（所基通12−2、12−5）。

　したがって、例えば、夫が内科医で、妻が歯科医である場合など明らかにその内容が異なるときには、一般的には夫婦それぞれが事業主として認定されることが多いと考えられますが、夫婦が開業医として同一の診療所で診療等を行うような場合に夫婦それぞれが事業主として申告するためには、患者さんはそれぞれが分担して診療等を行うことや薬の仕入などはそれぞれの判断でなされていること、資金の調達や診療報酬の請求など収支が明確に区分されていることなど、夫婦それぞれがそれぞれの責任で医院経営がなされていることを客観的に明らかにしておくことが必要と考えられます。

　なお、夫婦で同一の事業に従事しており、その一方が事業主とし

て申告する場合には、もう一方は事業専従者となりますので、青色
申告の所得計算をするときには、一定の手続を前提に、青色事業専
従者給与の適正な支給額については必要経費に算入することができ
ます（所法57）。

I

課税・非課税、各種所得の帰属、種類等

4

未分割遺産から生ずる
不動産所得の帰属

調査事例

　A、Bは、それぞれの父の死亡によって相続が発生し、相続人はそれぞれに、Aと母及び弟、Bと母及び弟の3人であるが、現在、遺産分割協議中である。

　相続財産の中に、賃貸の用に供しているアパートがあり、そこから生ずる相続開始後の賃貸料収入はそれぞれの母の名義で預金をしているが、その不動産所得は、次により確定申告をした。

（納税者A）

○　不動産所得の金額をA、母及び弟の3人の法定相続分によって按分計算をして、3人がそれぞれの不動産所得として申告した。

（納税者B）

○　不動産賃貸料収入は母が管理しているので、不動産所得の金額の全額を母の不動産所得として確定申告をした。

　ところが、税務調査において、Aの場合は是認されたが、Bの場合は、3人の不動産所得として按分計算をして是正するよう指導された。

相続財産は、相続人が複数人あるときは、相続開始から遺産分割までの間、共同相続人の共有に属するもの（民法898）であるから、この間に相続財産である賃貸不動産を使用管理した結果生ずる金銭債権たる賃料債権は、相続財産とは別個の財産であって、各共同相続人がその相続分に応じて分割単独財産として確定的に取得するものと解されています（平成17年9月8日最高裁判例）。

　したがって、未分割の相続財産の賃貸から生ずる不動産所得については、その相続分に応じて各相続人に確定的に帰属するものとして取り扱われ、仮に、後日遺産分割が行われ、確定申告した際の相続分の割合と異なる割合となった場合においても、未分割の期間に係る不動産所得の金額の訂正を行う必要はないことになります。

　なお、未分割財産の共有割合につき遺言により相続分が指定されている場合は、その指定相続分によることになり、それ以外の場合は法定相続分によることになります（民法900、902）。

　したがって、不動産所得の確定申告は、法定相続分又は指定相続分に応じて、各共同相続人がそれぞれの不動産所得として申告することになります。

🧍 Aさんのケース

　Aさんの場合は、法定相続分によって按分計算をして、3人がそれぞれ不動産所得として申告していますので、是認されたものです。

🧍 Bさんのケース

　Bさんの場合は、法定相続分によって按分計算をして、3人のそ

れぞれの所得とするよう、すなわち、お母さんの不動産所得は減額更正の処理とし、Ｂさんと弟さんについては、それぞれの不動産所得として申告するよう指導されたものです。

 是否認の接点

　未分割の相続財産それ自体は共同相続人の共有財産とされますが、その未分割の相続財産から生ずる果実たる賃貸料収入（債権）が相続財産と一体不可分のものかどうか民法上においても問題となっていたところです。

　この問題について、上記の最高裁判所判決により、その果実たる賃貸料収入（債権）は、相続財産とは切り離され、それぞれ相続分に応じて確定的に相続人に帰属するものとされましたので、未分割の相続財産に係る不動産所得の金額の計算においては、相続分に応じて総収入金額及び必要経費の金額を計算することになります。

　したがって、Ｂさんの場合は、未分割資産から生ずる不動産所得について、法定相続分に応じて計算した金額を各共同相続人が申告するよう指導されたものです。

参考：相続と青色申告

○　被相続人が青色申告の承認を受けていたとしても、相続人が青色申告の承認を承継するわけではありませんので、相続人が青色により不動産所得を申告しようとするためには次の期限までに青色申告の承認申請書を提出する必要があります。

【原則】業務を開始した日（相続開始の日の翌日）から2か月以内（その年の1月1日から同月15日までの間に業務を開始した（相続があった）場合は3月15日まで）（所法144）

【特例】青色申告者である被相続人の不動産貸付業を相続した相続人がその不動産所得について引き続いて青色申告をする場合には、①準確定申告書の提出期限（相続開始の日の翌日から4か月を経過する日）と②青色申告の自動承認の日（業務開始が1月1日から10月31日の間の場合は12月31日、11月1日から12月31日の間の場合は翌年2月15日）のいずれか早い日（所基通144－1）

Ⅰ

課税・非課税、各種所得の帰属、種類等

⑤ 借地権の設定の対価の所得の種類

調査事例

　不動産貸付業を営むA、Bは、それぞれ土地を賃貸するに際して、賃借人との間で令和4年5月某日借地権を設定し、その対価を令和4年分の譲渡所得として申告した。

（納税者A）

○　借地権を設定した土地の時価　　9,500万円

○　借地権の設定の対価　　4,500万円（年間地代の20倍以下）

○　敷金　　4,500万円（契約期間30年満了後無利息返還）

（納税者B）

○　借地権を設定した土地の時価　　9,500万円

○　借地権の設定の対価　　4,500万円（年間地代の20倍超）

（注）　敷金等の授受はない。

　ところが、税務調査において、Aの場合は譲渡所得として是認されたが、Bの場合は不動産所得として課税された。

解説　　借地権（建物又は構築物の所有を目的とする地上権又は賃借権をいいます。）又は一定の地役権を設定し、その設定の対価として一時に支払を受ける金額が、建物又は構築物の全部（又は一部）の所有を目的とする借地権の設定である場合には、原則として、その土地の価額（時価）（又は一部の所有部分に対応する土地の価額（時価））の10分の5に相当する金額を超えると

きは、その設定の対価は、譲渡所得として課税されます（下記（注）参照）（所法33①、所令79①②）。

　この場合、借地権の設定に伴い、通常の場合の金銭の貸付けの条件に比し特に有利な条件による金銭の貸付け（何れの名義をもってするかを問わず、これと同様の経済的性質を有する金銭の交付を含みます。）その他特別の経済的な利益を受けるときは、その経済的な利益の額は借地権の設定の対価に加算されます。この「特別の経済的な利益の額」は、その貸付けを受けた金額から、その金額について通常の利率（利息について約定がある場合には、その利率を控除した利率となります。なお、「通常の利率」とは、財産評価基本通達4－4に定める基準年利率によります。）の10分の5に相当する利率による複利の方法で計算した現在価値に相当する金額を控除した金額によります（所令80、所基通33－14）。

　なお、借地権設定の土地の価額が明らかでない場合で、借地権の設定の対価として支払を受ける金額がその設定によって支払を受ける地代の年額の20倍相当額以下であるときは、その借地権の設定は、資産の譲渡には該当しないものと推定されます（所令79③）。

（注）　借地権又は一定の地役権の設定が、地下若しくは空間について上下の範囲を定めたものである場合や遊水地の設置を目的とした地役権の設定である場合には、その設定の対価がその土地の価額の4分の1に相当する金額を超えるときに、譲渡所得として課税されます（所令79①一）。
　　　また、大深度地下の公共的使用に関する特別措置法の規定により大深度地下の使用の認可を受けた事業と一体的に施行される事業としてその認可を受けた事業に係る事業計画書に記載されたものにより設置される施設又は工作物のうち一定のものに該当する施設又は工作物の全部の所有を目的とする地下について上下の範囲を定めた借地権の設定がされた場合には、その設定の対価として支払を受ける金額が、その土地の価額の2分の1に相当する金額にその土地における地表から大深度までの距離のうちに借地権の設定される範囲のうち最も浅い部分の深さからその大深度までの距離

Ⅰ

課税・非課税、各種所得の帰属、種類等

の占める割合を乗じて計算した金額の10分の5に相当する金額を超えるときに、譲渡所得として課税されます（所令79①三）。

Aさんのケース

Aさんの場合は、借地権の設定の対価（4,500万円）のほかに特別の経済的な利益（無利息で敷金を受け入れている利益）を受けていますから、次の算式により計算した特別の経済的な利益（324万円）を加算した金額（4,824万円）により土地の価額の10分の5を超えているかどうかを判断することになり、譲渡所得（収入金額は4,500万円ではなく4,824万円となります。）として是認されたものです。

［算式］

4,500万円−（4,500万円×0.928）＝324万円…経済的利益の額

《期間30年につき、令和4年5月分の基準年利率0.5％の5/10に相当する利率（0.25％）複利現価率0.928》

Bさんのケース

Bさんは、借地権の設定の対価が年間地代の20倍を超えているため譲渡所得として申告したのですが、Bさんの場合は、土地の価額が明らかであり、借地権の設定の対価が土地の価額の10分の5を超えていませんので、これを否認され、不動産所得として課税されたものです。

是否認の接点

　不動産の貸付けに伴う地代や借地権の設定の対価は、通常の場合、不動産所得とされます（所法26）が、借地権の設定の対価がその土地の価額の2分の1を超えている場合には、経済的、実質的に土地の一部（上地）の譲渡の対価とみるのが相当であるとする考えから、譲渡所得として課税されます（所法33①、所令79①②）。

　Aさんの場合は、借地権の設定の対価（4,500万円）がその土地の価額（9,500万円）の2分の1を超えていませんが、特別の経済的な利益の額も借地権の設定の対価の一部とされますので、この経済的な利益の額（324万円）を加算すると2分の1を超えることになり、その合計額（4,824万円）が譲渡所得の収入金額となります。

　これに対して、Bさんの場合は、敷金等の授受等がないことから、特別の経済的な利益の額もなく、借地権の設定の対価（4,500万円）がその土地の価額（9,500万円）の2分の1以下となっていますので、年間地代の20倍を超えているか否かにかかわらず、その借地権の設定の対価は不動産所得の収入金額となります。

I

課税・非課税、各種所得の帰属、種類等

6

ワンルームマンションの譲渡の対価の所得の種類

調 査 事 例

　医業を営むA、Bは、それぞれワンルームマンションを取得して賃貸している。昨年、A、Bは、次のとおりワンルームマンションを譲渡し、この所得を譲渡所得として申告した。

（納税者A）

○　ワンルームマンションの取得は2年前であるが、医業の設備投資の資金を捻出するためにこのマンションを譲渡した。

（納税者B）

○　2年前からワンルームマンションを取得しているが、これまでの売買状況は次のとおりである。

一昨年	取得3室	譲渡2室
昨年	取得4室	譲渡4室
本年（9月末日現在）	取得3室	譲渡2室

　ところが、税務調査により、Aの場合は譲渡所得として是認されたが、Bの場合は譲渡所得ではなく雑所得として課税された。

解説

　資産の譲渡による所得は、一般的には譲渡所得とされますが、①棚卸資産、②準棚卸資産、③営利を目的として継続的に譲渡される資産、④山林及び⑤金銭債

権は譲渡所得の基因となる資産から除かれていますので、これらの資産の譲渡による所得は、原則として事業所得、山林所得又は雑所得とされます（所法33②、所令81、所基通33－1）。

　なお、この「②準棚卸資産」とは、次の資産をいいます（所法33②一、所令81）。

(1)　不動産所得、雑所得又は山林所得を生ずべき業務に係る棚卸資産に準ずる資産

(2)　業務の用に供した少額の減価償却資産（取得価額が10万円未満のもの）で、その取得価額が必要経費に算入（所令138）されるもの（少額重要資産（その者の業務の性質上基本的に重要なもの）を除く。）

(3)　業務の用に供した取得価額20万円未満の減価償却資産で、一括償却資産の必要経費算入（所令139①）の適用を受けたもの（少額重要資産を除く。）

(注)　少額重要資産の譲渡による所得は原則として譲渡所得とされますが、貸衣装業における衣装類、パチンコ店におけるパチンコ器などのように、事業の用に供された後において反復継続して譲渡することがその事業の性質上通常であるものの譲渡による所得は、事業所得とされます（所基通33－1の2、27－1）。

Aさんのケース

　Aさんの場合は、賃貸用としてマンションを取得したものであり、また、譲渡したきっかけも事業用資金に充てるためのものであることから、一般の譲渡として是認されたものです。

Bさんのケース

　Bさんの場合は、2年前から調査日現在までの売買状況をみます

と、賃貸用としてマンションを取得したものであるというよりは、
「営利を目的として継続的に譲渡している」と判断され、雑所得と
して認定されたものです。

 　是否認の接点　

　土地、建物等の譲渡による所得は、一般的にはキャピタル・ゲイ
ン（値上り益）に対する課税として譲渡所得に区分されますが、当
初は賃貸を目的として取得したケースであるとしても、その利用状
況、売買状況、資金調達状況などからみて、販売目的で取得・譲渡
等（営利を目的として継続的に譲渡等）をしているとして雑所得又は事
業所得と認定されることがあり得ます。

　特にワンルームマンションについては、入居者がそのままで所有
者のみが変わる場合（いわゆる「オーナーチェンジ」）があり、また、
所有者は不動産賃貸収入を安定的に得るというよりは値上り益期待
の販売目的のために購入・所有・譲渡を繰り返していると認定され
る場合があります。

　いずれにしても、ワンルームマンションの売買回数が相当数にな
りますと、譲渡所得ではなく雑所得又は事業所得に該当すると認定
されることが考えられますので、ご注意ください。

⑦ 法人成りの場合の資産の移転に係る 所得の種類

調査事例

　A、Bは、それぞれ建築工事業を営んできたが、この度、いわゆる法人成りにより株式会社を設立した。

　A、Bとも、次の資産を設立した会社に引き継ぐ（譲渡する）こととした。

○　工事前受金及び未成工事支出金（株式会社に引き継ぐ受注工事に係るもの）

○　減価償却資産（作業場（建物）、車両や工具、機械、器具、備品等）

（納税者A）

○　実額により計算した工事前受金及び未成工事支出金の差額50万円について、事業所得の総収入金額に計上し、また、減価償却資産についてはその会社から時価相当額を受領したので、その建物部分に対応する金額を申告分離課税の（長期）譲渡所得の総収入金額に、また、車両等に対応する金額を（総合）譲渡所得の総収入金額に算入して確定申告書を提出した。

（納税者B）

○　実額により計算した工事前受金及び未成工事支出金の差額50万円については、事業所得の総収入金額に計上したが、減価償却資産については、無償で譲渡することとしたので、譲

渡所得の金額はゼロとして確定申告書を提出した。

　ところが、税務調査において、Ａの場合は是認されたが、Ｂ
の場合は、減価償却資産につき、時価相当額を譲渡所得の総収
入金額に算入して修正申告をするよう指導を受けた。

　1　法人成りに伴って、新たに設立された法人に棚卸
資産を譲渡する場合の価額は、原則として通常販売
する価額によることになります（所法40①二）。なお、
棚卸資産には、「半成工事を含む。」こととされています（所法2
①十六、所令3三）。

　したがって、法人に引き継ぐ工事に係る未成工事支出金は棚卸
資産に該当することになりますが、その通常販売価額については、
一般に行われている工事進行状況によって工事収入を収受する請
負契約である場合は、その未成工事に係る工事前受金の額とする
ことが相当と思われます。

　2　減価償却資産については、原則として、その譲渡の対価の額が
譲渡所得の総収入金額となりますが、その対価の額が譲渡時の時
価の2分の1に満たない場合には、その譲渡時の時価が譲渡所得
の総収入金額とみなされます（所法59①二、所令169）。

　なお、少額の減価償却資産の譲渡による所得は事業所得とされ
ますが、少額の減価償却資産であってもその業務の性質上基本的
に重要なもの（以下「少額重要資産」といいます。）の譲渡による所得
は譲渡所得とされます（所法33②一、所令81二、所基通33－1の2）。
しかし、少額重要資産であってもその譲渡が営利を目的として継
続的に行われるものである場合には、譲渡所得に該当せず事業所

得とされます（所基通27−1）。

Aさんのケース

　Aさんの場合は、会社に引き継いだ工事に係る工事前受金及び未成工事支出金について事業所得の金額の計算により処理したこと、及び減価償却資産の引継ぎについて譲渡所得の金額の計算により処理したことが是認されたものです。

Bさんのケース

　Bさんの場合は、事業所得の金額の計算については是認されたが、会社への減価償却資産の引継ぎを無償で行っていることから、その引継ぎを行った時の時価相当額につき、建物部分については申告分離課税の（長期）譲渡所得の総収入金額に、また、車両等部分については（総合）譲渡所得の総収入金額に算入して是正するよう指導されたものです。

 是否認の接点

　株式会社を設立するに際し、現物出資により資産を引き継いだ場合は、その譲渡所得の総収入金額はその取得する有価証券の時価によることになりますが、事業主である個人が、棚卸資産や減価償却資産をその株式会社に譲渡により引き継いだ場合には、その引き継いだ時点の帳簿価額（未償却残高）によるのではなく、時価相当額とされます。そして、その譲渡による所得の所得区分については、棚卸資産については事業所得、減価償却資産については譲渡所得に区

　分され、更に、土地建物については申告分離課税、車両等については総合課税によることとされています。

　なお、譲渡所得の金額の計算においては、その譲渡が個人から法人に対して行われるもので、その対価の額が譲渡時の時価の2分の1に満たない場合には、その譲渡時の時価を譲渡所得の総収入金額とみなすこととされています（所法59①二、所令169）。

　Bさんの場合は、減価償却資産の会社への引継ぎが「無償」で行われていたことから、その時価相当額を譲渡所得の総収入金額に算入して修正申告をするよう指導されたものです。

⑧

競走馬の保有による所得の種類

調 査 事 例

　納税者Ａ、Ｂは、それぞれ会社を経営しているが、その傍ら競走馬を保有し中央競馬に出走させている。令和４年中の競走馬保有に係る所得金額を計算したところ、赤字となったが、令和４年分所得税の確定申告において、その赤字の金額を事業所得の損失額として給与所得の金額と損益通算して申告した。

　なお、Ａ、Ｂは令和元年から競走馬を保有しており、その保有頭数や出走状況等は以下のとおりである。

（納税者Ａ、Ｂ共通）

⑴　６か月以上登録馬の保有頭数……令和元年：５頭、令和２年：２頭、令和３年：５頭、令和４年：４頭

⑵　競走馬の保有に係る所得金額……令和元年：△150,000円、令和２年：△200,000円、令和３年：△500,000円、令和４年：△300,000円

⑶　令和元年から令和４年の各年において競走馬賞金等の収入がある。

（納税者Ａ）

○　令和４年において、２歳馬の□□□号を３回出走させている。

（納税者Ｂ）

○　令和４年において、４歳馬の△△△号を３回出走させている。

ところが、税務調査において、Aの場合は是認されたが、B
の場合は雑所得と認定され、損益通算が否認された。

 1　競走馬の保有に係る所得の種類は、原則として事
業所得と雑所得のいずれかになりますが、そのいず
れの所得に該当するかは、その規模、収益の状況そ
の他の事情を総合勘案して判定することになります。

　なお、所得税基本通達に形式基準が定められており、次の(1)又
は(2)のいずれかに該当する場合には、その年の競走馬の保有に係
る所得は、事業所得に該当するものとして取り扱うこととされて
います（所基通27－7）。

(1)　その年において、競馬法第14条（同法第22条において準用する場
　合を含みます。）の規定による登録馬で、その年における登録期
　間が6か月以上であるものを5頭以上保有している場合

(2)　次のイ及びロの事実のいずれにも該当する場合
　　イ　その年以前3年以内の各年においてその年における登録期
　　　間が6か月以上の登録馬を2頭以上保有していること
　　ロ　その年の前年以前3年以内の各年のうちに、競走馬の保有
　　　に係る所得の金額が黒字である年が1年以上あること
　　(注)　共有馬の場合は、その持分で登録馬の頭数を数えることになります。

2　上記の(1)又は(2)のいずれにも該当しない場合には雑所得に分類
　されることになりますが、その場合でも、その年以前3年間の各
　年において競走馬賞金等の収入があり、その3年間のうち年間5
　回以上（2歳馬については年間3回以上）出走している競走馬（共有
　馬を除きます。）を保有する年が1年以上ある場合には、その年分
　の競走馬の保有に係る所得は事業所得に該当するものとして取り

扱われます（平成15年8月19日付課個5－5「競走馬の保有に係る所得の税務上の取扱いについて」（通知））。

Aさんのケース

Aさんの場合は、競走馬の保有に係る所得が事業所得と認定されたことから、申告が是認されたものです。

Bさんのケース

Bさんの場合は、競走馬の保有に係る所得が雑所得と認定されたことから、損益通算の適用が否認されたものです。

 是否認の接点

1　事例を基にして、所得税基本通達の形式基準の取扱いにより、事業所得か雑所得かの判定をしますと次のようになります。

	令和元年	令和2年	令和3年	令和4年
6か月以上の登録馬の保有頭数	5頭	2頭	5頭	4頭
競走馬の保有に係る所得金額	△150,000円	△200,000円	△500,000円	△300,000円
所得区分の判定	事業所得	雑所得	事業所得	雑所得
判定の理由	令和元年の保有頭数が5頭以上であるか	令和元年と2年の保有頭数は2頭以上で	令和3年の保有頭数が5頭以上であるか	令和2年～4年の保有頭数は2頭以上で

Ⅰ
課税・非課税、各種所得の帰属、種類等

ら、所得金額に関係なく事業所得となる。	あるが、平成30年はゼロであるから雑所得となる。	ら、所得金額に関係なく事業所得となる。	あるが、令和元年〜3年に黒字の年がないから雑所得となる。

2　事例においては、形式基準によった場合の令和4年分の競走馬の保有に係る所得は、上記1のとおりAさん、Bさんとも雑所得となりますが、Aさんの場合は、令和2年〜4年の3年間に競走馬賞金等の収入があり、令和4年に2歳馬を3回出走させていることから、上記解説の2の個別通達の要件を満たすことになりますので、その所得が事業所得と認定され、損益通算の申告が是認されたものです。

　一方、Bさんの場合は、個別通達の出走要件（3歳馬以上は年間5回以上の出走）を満たしていないことから、雑所得と認定されたものです。

9

不動産を無償で貸し付けている場合の 不動産所得の金額の計算

調　査　事　例

　納税者Ａ、Ｂは、それぞれ、賃貸マンション１棟（12室）を所有しているが、そのうちの１室は、新婚の息子夫婦に無償で使用させている。

（納税者Ａ）

○　マンションの減価償却費や支払利子、その他の費用のうち、息子夫婦が使用している１室分に相当する金額について、必要経費から除外（家事費として処理）して不動産所得の金額を計算して申告した。

（納税者Ｂ）

○　不動産所得の金額の計算において、息子夫婦が使用している１室分に係る費用等を含めて必要経費を計算して申告した。

　ところが、税務調査において、Ａの場合は是認されたが、Ｂの場合は、息子夫婦使用の１室分に係る費用等は必要経費に含まれないとして是正するよう指導された。

　1　不動産所得の金額は、不動産所得に係る総収入金額から必要経費を控除した金額とされていますが、この不動産所得とは、不動産等の貸付けによる所得（事業・譲渡所得に該当するものを除きます。）とされ、この「貸付け」

には、地上権の設定その他他人に不動産等を使用させることが含まれることとされています（所法26）。

　　したがって、この「不動産等の貸付け」には、マンション等の不動産の賃貸借（民法601）による貸付けのほか、広告等のため、家屋の屋上又は側面、塀等を使用させる場合の所得も不動産所得に該当します（所基通26－5）。

2　ところで、必要経費は「不動産所得の総収入金額を得るために直接要した費用の額及び不動産所得を生ずべき業務について生じた費用の額」とされている（所法37）ことから、その費用の額の基となる貸付け不動産は、不動産所得を生ずべき業務の用に供されている資産、すなわち、不動産賃貸料収入を得るための資産となりますので、「業務の用に供されている資産、不動産賃貸料収入を得るための資産」というためには、その資産は相当な対価を得て貸し付けられている資産をいうものと考えられます。

3　したがって、不動産の無償使用、すなわち使用貸借（民法593）により資産を貸し付けた場合には、相当な対価による貸付けとは認められませんので、その費用の額は、不動産所得の金額の計算上、必要経費に算入されないものと解されます。

　　なお、例えば、固定資産税相当額のような少額な賃貸料を地代家賃として授受しているようなケース、すなわち「相当な対価」とは言えない金額で不動産の貸付けが行われているような場合についても、賃貸借ではなく使用貸借と考えられます（参考：最判昭41.10.27民集20－8－1649）。

Aさんのケース

　Aさんの場合は、使用貸借に係る部分の費用を必要経費に算入していないことから、申告が是認されたものです。

 ## Bさんのケース

　Bさんの場合は、使用貸借に係る部分の費用は必要経費に算入されないとして、その部分の必要経費算入が否認されたものです。

 是否認の接点

1　不動産を無償で使用させるケースや固定資産税相当額程度のごく少額の賃料で使用させるケースは、親族間の場合のみならず、いろいろな場面でみられるようですが、このような場合においては、上記のように、使用貸借に係る部分の費用は、不動産所得の金額の計算上、必要経費に算入されないことになります。

　　したがって、その年の不動産所得の金額の計算を行うに当たっては、それぞれ個々の賃貸借における損益に留意する必要があり、また、収入すべき賃料の額がその費用の額に比し著しく低いような場合は、その賃料はいわば「実費弁償」であることから、使用貸借として処理される場合があり得るということに留意する必要があります。

2　事例においては、Bさんの場合は、無償による不動産の使用、すなわち、息子さん夫婦への貸付けは使用貸借（民法593）に当たることから、その使用貸借に係る部分の費用の額の必要経費算入が否認されたものです。

⑩ 借入金利息がある場合の 不動産所得に係る損益通算の特例

調査事例

　納税者Ａ、Ｂは、それぞれ不動産所得があったが、貸付用の不動産を借入金で取得したため、所得計算の結果、不動産所得の金額が赤字（損失）となり、その赤字（損失）の金額を他の所得の金額と損益通算して申告した。

（納税者Ａ）

○　不動産収入800万円、必要経費900万円、損失額100万円

　　（必要経費のうちに、建物建築に係る借入金利息が200万円あり、土地を取得するための借入金利息はない。）

（納税者Ｂ）

○　不動産収入800万円、必要経費900万円、損失額100万円

　　（必要経費のうちに、土地を取得するための借入金利息200万円が含まれている。）

　ところが、税務調査において、Ａの場合は是認されたが、Ｂの場合は、損益通算が否認された。

　　　　　　不動産所得の金額の計算上生じた赤字（損失）の金額がある場合において、その不動産所得の金額の計算上必要経費に算入した金額のうちに、不動産所得を生ずべき業務の用に供する土地又は土地の上に存する権利（以下「土

地等」といいます。）を取得するために要した負債の利子の額がある
ときは、その赤字（損失）の金額のうち、その負債の利子の額に相
当する部分の金額は、生じなかったものとみなされますので、他の
各種所得の黒字の金額と損益通算することはできません（措法41の
4）。

　そして、この場合の土地等を取得するために要した負債の利子の
額に相当する部分の金額（損益通算の対象とならない金額）は、次に掲
げる区分に応じ、それぞれ次に掲げる金額とすることとされていま
す（措令26の6①）。

(1)　その年分の不動産所得の金額の計算上必要経費に算入した土地
　　等を取得するために要した負債の利子の額が、その不動産所得の
　　金額の計算上生じた赤字の金額を超える場合……その不動産所得
　　の金額の計算上生じた赤字の金額の全額

(2)　その年分の不動産所得の金額の計算上必要経費に算入した土地
　　等を取得するために要した負債の利子の額が、その不動産所得の
　　金額の計算上生じた赤字の金額以下である場合……その不動産所
　　得の金額の計算上生じた赤字の金額のうち、その不動産所得の金
　　額の計算上必要経費に算入した土地等を取得するために要した負
　　債の利子の額に相当する部分の金額

Aさんのケース

　Aさんの場合は、不動産所得の損失額100万円には、土地を取得
するための借入金利息は含まれていないため、損益通算の適用が認
められたものです。

Ⅱ

一般及び特例規定による各種所得の金額の計算等

37

 **Bさんのケース**

　Bさんの場合は、不動産所得の損失額100万円は、貸付用土地を取得するための借入金利息200万円の一部分とみなされ、その全額が損益通算の対象とならず、否認されたものです。

 是否認の接点

1　この特例は、不動産所得の金額の計算上生じた損失の金額のうち、土地等を取得するために要した負債の利子の額に相当する部分の金額については、損益通算等の規定の適用上生じなかったものとみなすというものです。

　なお、例えば、土地等の取得に要した負債の利子があるために赤字となる不動産所得の金額と、それ以外の黒字となる不動産所得の金額がある場合には、不動産の賃貸が事業的規模で行われているかどうかを問わず不動産所得内部での損益の相殺は認められることになります。

2　不動産所得の金額の計算上、必要経費に算入される借入金利子は、①「土地等」を取得するための借入金に係る利子、②「建物」を取得するための借入金に係る利子、③その他の業務用の借入金に係る利子、に分類されますが、不動産所得の金額が赤字（損失）の場合、この赤字（損失）のうち、『①「土地等」を取得するための借入金に係る利子』の額に相当する金額が損益通算の対象とならないことになります（次の図を参照）。

　Aさんの場合は、その借入金が「建物を取得するためのもの」と認定され、損益通算が是認されましたが、Bさんの場合は、

「土地等を取得するためのもの」と認定され損益通算が否認され
たものです。

　なお、業務用の土地をその上に建築された建物とともに取得し
た場合（これらを一の契約により同一の者から譲り受けた場合に限りま
す。）において、これらの資産を取得するために要した負債の利
子の額を資産の別に区分することが困難であるときには、まず建
物の取得の対価に充てられたものとして計算することができます
（措令26の6②）。

ケース1

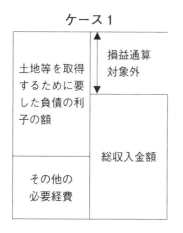

ケース2

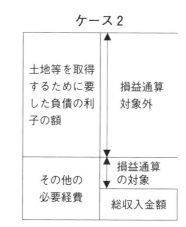

⑪

リゾートマンション貸付けによる損失

調査事例

　納税者Ａ、Ｂは、それぞれ軽井沢にあるリゾートマンションの一室を購入し、購入と同時に次により販売業者（不動産管理業者）に賃貸しているが、この貸付けによる損失を他の所得と通算して申告した。

（納税者Ａ）

○　販売業者（不動産管理業者）との賃貸借契約において、自分がその一室を利用することについての特段の条件を付していない。

（納税者Ｂ）

○　販売業者（不動産管理業者）との賃貸借契約において、自分が年のうち30日間優先的に一般の人より低料金で利用することの条件を付けており、Ｂが６日間利用したほか、親類や友人もその条件の範囲で利用した。

　ところが、税務調査において、Ａの場合は是認されたが、Ｂの場合は損益通算の適用が否認された。

解説　所得税法は、個人に帰属する所得を10種類の各種所得に分類して各種所得ごとにそれぞれ所得金額を計算することとしていますが、これらの各種所得のうち、不動産所得、事業所得、山林所得、譲渡所得が赤字になったときは、

　その赤字の金額を他の黒字の金額から控除して、その控除後の各種所得の金額により、その年の総所得金額等を計算することを原則としており、これを「損益通算」といいます（所法69①）。

　しかし、「生活に通常必要でない資産」に係る所得の金額の計算上生じた損失の金額はないものとみなされますので、原則として、その損失の金額を他の各種所得の金額と損益通算することはできません（所法69②、所令200、所法62①、所令178）。

　なお、「生活に通常必要でない資産」には、通常、「保養用の別荘、リゾートマンション」といわれるもの、すなわち「通常自己及び自己と生計を一にする親族が居住の用に供しない家屋で主として趣味、娯楽又は保養の用に供する目的で所有するものその他主として趣味、娯楽、保養又は鑑賞の目的で所有する資産」が含まれます（所令178①二）。

Aさんのケース

　Aさんが賃貸の用に供しているリゾートマンションは、いわゆる保養地に所在するものの、賃貸借の契約内容、実際の利用状況等からみて、「生活に通常必要でない資産」には当たらず、一般の不動産と認められ、損益通算が是認されたものです。

Bさんのケース

　Bさんが賃貸の用に供しているリゾートマンションは、その賃貸借契約の内容及び実際の利用状況からみて、主として趣味、娯楽、保養又は鑑賞の目的で所有するもの、すなわち「生活に通常必要でない資産」であると判定され、損益通算が否認されたものです。

Ⅱ

一般及び特例規定による各種所得の金額の計算等

是否認の接点

　事例は、取得したリゾートマンションの一室が、主として趣味、娯楽、保養又は鑑賞の目的で所有されるものかどうか、すなわち「生活に通常必要でない資産」に該当するかどうかがポイントとなります。

　Ａさんの場合は、購入したリゾートマンションの一室をその販売会社（不動産管理業者）に直ちに賃貸しているものの、特に優先的にあるいは無料で利用できるような契約条項もなく、通常の不動産賃貸としての実態を備えていることから是認されたものです。

　これに対して、Ｂさんの場合は、このリゾートマンションは、保養地にあり、Ｂさんと家族は通常居住せず、①賃貸借契約により、自己が利用する期間を優先して決められていること、②実際に、自己使用の６日間のほかにＢさんの親類や友人の利用が多くあること、③自己が使用するときは、通常の料金より低額であること、などの理由から、主として趣味、娯楽、保養又は鑑賞の目的で所有する家屋、すなわち「生活に通常必要でない資産」に該当すると認定されたものです。

⑫

不動産所得と 同族会社の行為計算の否認規定

調査事例

　不動産貸付業を営むA、Bは、それぞれ、親族と設立した同族会社に不動産管理業務を委託していた。委託契約の概要は次のとおりであるが、管理料はその全額を不動産所得の金額の計算上必要経費に算入した。

（納税者A）

○　管理料は、不動産賃貸料収入の15％とする。

○　租税公課、修繕費等はAが負担する。

（納税者B）

○　管理料は、不動産賃貸料収入の50％とする。

○　租税公課、修繕費等はBが負担する。

　ところが、税務調査において、Aの場合は管理料の全額について必要経費算入が是認されたが、Bの場合は不動産収入の15％を超える部分の管理料について否認する内容の更正処分を受けた。

　　　　　所得税法第157条は、「税務署長は、同族会社等の行為又は計算で、これを容認した場合にはその株主等の所得税の負担を不当に減少させる結果となると認められるものがあるときは、その行為又は計算にかかわらず、税務署長

の認めるところにより所得の金額を計算して更正又は決定をすることができる。」旨規定しています。

　すなわち、同族会社の株主等の所得税の負担を不当に減少させる結果となると認められる同族会社の行為・計算があるときは、税務署長は是正（更正・決定）をすることができることとされていますので、例えば、不動産貸付業を営む個人が、その株主等となる同族会社等との間で不動産管理業務契約を結び、その同族会社等が管理業務を行っていた場合において、その同族会社に管理料を支払った結果として不動産貸付業を営む個人の所得税が不当に減少するときには、所得税法第157条が適用されることがあり得るということになります（所法59条の低額譲渡の規定との関係は、所基通59－3参照）。

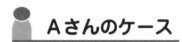

Aさんのケース

　Aさんの場合は、同族会社の行っている管理業務等の内容からみて、管理料割合15％はおおむね妥当であると判断され、また、同族会社に管理料を支払っていることが、Aさんの所得税負担を不当に軽減しているとは認められないと判断され是認されたものです。

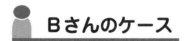

Bさんのケース

　Bさんの場合は、同族会社の行っている管理業務と同程度の管理業務等を行っている同業者の管理料割合と比較して、Bさんの50％は異常に高いこと、また、この管理料を支払うことによって、Bさんの不動産所得の金額が減少し、所得税の不当軽減につながっていると判断されたことから、類似同業者の管理料割合を超える部分について否認されたものです。

是否認の接点

1 不動産を所有する者がその本人又はその親族を株主等とする不動産管理会社を設立し、その会社が不動産管理業務を行う場合が多くみられますが、その形態としてはおおむね次の(1)不動産管理委託方式と(2)不動産転貸方式の二通りがあり、また、所得税法上、超過累進税率適用回避、所得分散や給与所得控除適用等による所得税負担の不当な軽減として「問題となるケース」はそれぞれ次のとおりです。

(1) 不動産管理委託方式

【問題となるケース】

＝不動産所得者の必要経費（管理料）が異常に過大＝

甲においては、乙社に支払う管理料を通常より高くすることによって不動産所得の金額を圧縮し、また、乙社においては、その役員とした甲及びその親族に対する役員報酬を支払うことにより、その役員報酬に係る給与所得控除が適用され、結果として、甲及びその親族の所得税の負担が不当に軽減されていると認定されるケース

➡ このケースの場合には、甲の乙社に支払う管理料の必要経費算入額は、乙社の管理業務の対価として相当な額（適正管理料）に限られるとして是正される。

(2)　不動産転貸方式

賃貸　　　　　　　　　（転貸）
不動産所得者（丙）　➡　不動産管理会社（丁社）　➡　第三者（テナント）

【問題となるケース】

＝不動産所得者の収入金額（賃貸料）が異常に過少＝

　　丙においては、丁社から受け取る賃貸料（収入金額）を通常より低くすることによって不動産所得の金額を圧縮し、また、丁社においては、通常の料率でテナントに転貸し、その役員とした丙及びその親族に対する役員報酬を支払うことにより、その役員報酬（給与）に係る給与所得控除が適用され、結果として、丙及びその親族の所得税の負担が不当に軽減されていると認定されるケース

　➡　このケースの場合には、丙の丁社から受け取る賃貸料（収入金額）は、まず丁社の管理業務の対価として相当な額（適正管理料）を算出し、「（テナントに対する賃貸料）－（適正管理料）」により計算した金額となるとして是正される。

2　Aさん、Bさんとも、「不動産管理委託方式」によって不動産管理会社と契約を結んでいたようですが、結局、問題の分かれ目は「管理料割合の多寡」にあったことは上記のとおりです。

　　なお、所得税法第157条適用の場合には、更正・決定により処理されることになりますが、修正申告等により是正することとなる場合には、①不動産管理委託方式の場合は、所得税法第37条により、その管理料の額が「総収入金額と個別に対応し、また、その業務の遂行と関連し、かつ、通常必要な費用の額」であるか否かが問題とされ、また、②不動産転貸方式の場合は、所得税法第

36条により、その賃貸料の額が「その年において収入すべき金額」であるか否かが問題とされ、いずれの場合においても、不動産管理会社における管理業務の対価として相当な額（適正管理料）がいくらであるかという事実認定の問題として処理されることになるものと考えられます。

【参考】平成18年6月13日裁決〈裁決事例集No.71－205頁〉（要旨）
○　本件賃貸不動産については、次の事実からすれば、本件不動産管理会社が本件賃貸不動産に係る管理業務を行ったことを認めることはできない。
(1)　本件不動産管理会社の管理業務とされる定期的な清掃業務等は、別途、M社等の不動産管理会社に委託している管理業務と同一のものであり、M社等において本来の業務として行われていることから、当該管理業務を本件不動産管理会社に委託する客観的必要性は認められないこと
(2)　本件賃貸不動産の敷地内の看板には、M社等の社名が明示されており、本件不動産管理会社が賃借人及び第三者の窓口等となっている事実は認められないこと
(3)　本件不動産管理会社においては、管理業務を実施した記録がなく、同社が管理業務を実施したことを客観的に認めるに足る証拠は認められないことなど
　　したがって、請求人が本件不動産管理会社に委託した業務は、いずれも請求人の不動産所得を生ずべき業務遂行上の必要性が認められず、また、本件不動産管理会社が管理委託契約に基づく業務について履行したことを客観的に認めるに足る証拠も認められないことから、本件管理料のうち、請求人の所得税法第37条第1項に規定する不動産所得の金額の計算上必要経費に算入すべき金額は、○○○○円とすることが相当であり、所得税法第157条第1項の規定を適用する余地はなく、当事者双方の主張を採用することはできない。

13

医師課税・社会保険診療報酬の
所得計算の特例

調 査 事 例

　歯科医業を営むＡ、Ｂは、それぞれ社会保険診療報酬について医師課税の特例（措法26）を適用して申告した。特例の計算に当たって、「自由診療分と保険診療分との明確に区分できる必要経費」として、事業税のほか次の歯科技工の外注費を計上していた。

（納税者Ａ）

○　歯科技工の外注費の全部について、指示書等により保険診療分と自由診療分とに区分している。

（納税者Ｂ）

○　２か所に歯科技工の外注を行い、甲技工所の分はすべて自由診療分、乙技工所の分は保険診療分と自由診療分の両方があるが区分していない（甲技工所に対する外注費についてのみ「明確に区分できる必要経費」として計算している。）。

　ところが、税務調査において、Ａの場合は是認されたが、Ｂの場合は「甲技工所に対する外注費」は明確に区分できる必要経費に該当しないとして否認された。

1　租税特別措置法第26条の社会保険診療報酬の所得計算の特例は、社会保険診療報酬の額が5,000万円以下であり、かつ、その個人が営む医業又は歯科医業から生ずる事業所得に係る総収入金額に算入すべき金額の合計額が7,000万円以下の医業又は歯科医業を営む個人に適用されますが、その者の診療収入のうち、特例の適用される保険診療収入と、その適用がない自由診療収入とがある場合には、医業又は歯科医業に係る事業所得の金額は次の①と②の合計額（雑収入がある場合には加算します。）となります。

①　保険診療収入　−　措法26条に規定する必要経費

　　　　　　　　　　　　　　　＝　保険診療に係る所得金額

②　自由診療収入　−　自由診療に係る必要経費

　　　　　　　　　　　　　　　＝　自由診療に係る所得金額

　(注)1　実務上は、保険診療収入に係る実際の必要経費と措法26条に規定する必要経費との差額（措置法差額）を算出し、これを実際の所得金額から差し引く方法をとっています。

　　　2　上記②の「自由診療に係る必要経費」は、次の算式により計算されます。

$$\left(\text{必要経費の総額} - \genfrac{}{}{0pt}{}{\text{自由診療分と保険診療分とに明確に}}{\text{区分できる必要経費の総額Ⓐ}}\right)$$

$$\times \text{ 自由診療割合} + \genfrac{}{}{0pt}{}{\text{Ⓐのうち自由診療分に}}{\text{係る必要経費の金額}} = \genfrac{}{}{0pt}{}{\text{自由診療分}}{\text{の必要経費}}$$

　　　3　「自由診療割合」は、一般に診療実日数又は収入金額を基に計算しますが、収入金額により計算する場合には、一般に自由診療の方が社会診療よりも収入の単価が高いことから、総診療収入に占める自由診療の割合を算出し、その割合に次の調整率を乗じた割合を自由診療割合として使用します。

　　　【調整率】眼科、外科、整形外科：80%、産婦人科、歯科：75%、
　　　　　　　　その他（美容整形を除く。）：85%

2 「自由診療分と保険診療分とに明確に区分できる必要経費」は、次のようなものに限られます。

(1) そのすべてが自由診療分に区分される必要経費……事業税及び消費税・地方消費税

(2) そのすべてが保険診療分に区分される必要経費……第三者に委託したレセプト請求費用

(3) 自由診療分と保険診療分に共通する必要経費のうち明確に区分できるもの

① 未収金を個別管理している場合の貸倒損失

② 歯科技工の外注費の全部について、指示書等により自由診療分と保険診療分とに明確に区分している場合の歯科技工外注費

 **Aさんのケース**

Aさんは、外注費の全部について指示書等より保険診療分と自由診療分とに区分していることから、外注費を「自由診療分と保険診療分とに明確に区分できる必要経費」として計上したことが是認されたものです。

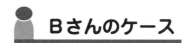 **Bさんのケース**

Bさんは、甲技工所に対する外注費は自由診療分だけですが、乙技工所に対する外注費が区分されていないことから、外注費全体としては「自由診療分と保険診療分とに明確に区分できる必要経費」に該当しないと判断されたものです。

是否認の接点

　租税特別措置法第26条の特例を適用する場合には、上記のとおり、必要経費について保険診療分と自由診療分とに区分する必要がありますが、①保険診療収入を得るための必要経費は保険診療分となり、②自由診療収入を得るための必要経費は自由診療分となり、③保険診療収入と自由診療収入とに共通する必要経費は一定の方法で区分計算を行うことになります。

　そして、「共通する必要経費」については、①自由診療分と保険診療分とに明確に区分できるものはその区分したところによって、②明確に区分できないものは自由診療割合等によって自由診療分と保険診療分とに区分計算をすることになります。

　この「明確に区分できる必要経費」は、上記のとおり一定のものに限られますが、例えば歯科技工外注費については、その「全部」について明確に区分している場合に限ることとしていますので、Bさんの場合は一部のみの区分であったことから否認されたものです。

Ⅱ

一般及び特例規定による各種所得の金額の計算等

医業に係る社会保険診療報酬の
所得計算の特例の適用範囲等

調 査 事 例

　A、Bは、開業医（整形外科）で、総収入金額が7千万円に至らないが、労働者災害補償保険法や自動車損害賠償保険法による診療報酬がある。

（納税者A）

○　社会保険診療報酬の所得計算の特例を適用して確定申告書を提出したが、その事業（医業）所得の特例適用部分に係る総収入金額には、社会保険診療報酬支払基金及び国保連合会から支払われた診療報酬のほかその窓口で受領した診療報酬を算入し、労働者災害補償保険法や自動車損害賠償保険法による診療報酬については自由診療に係る総収入金額に算入した。

（納税者B）

○　社会保険診療報酬の所得計算の特例を適用して確定申告書を提出したが、その事業（医業）所得の特例部分の総収入金額には、社会保険診療報酬支払基金、国保連合会から支払われた診療報酬及びその窓口で受領した診療報酬のほか、労働者災害補償保険法や自動車損害賠償保険法による診療報酬を算入した。

　ところが、税務調査において、Aの場合は是認されたが、B

の場合は、事業（医業）所得の金額を計算し直すよう指導を受けた。

　1　医業・歯科医業を営む者の事業所得の金額の計算上、租税特別措置法第26条に規定する社会保険診療報酬の所得計算の特例となる社会診療報酬の総収入金額は、同条第２項各号に掲げる法律の規定に基づく診療報酬、例えば、健康保険法や国民健康保険法などの法律の規定による診療報酬に限られています。

　なお、この特例の適用対象となる診療報酬には、社会保険診療報酬支払基金その他の報酬支払機関から支払われる金額のほか、病医院の窓口で患者から直接受領する自己負担等の額も含まれます。

（注）　社会保険診療報酬の所得計算の特例は、平成26年分以後は、社会保険診療報酬の総額が5,000万円以下であり、かつ、医業・歯科医業の総収入金額が7,000万円以下である場合に限り適用できることとされている。

2　労働者災害補償保険法や国家公務員災害補償法、公害健康被害の補償等に関する法律、自動車損害賠償保険法の規定による診療報酬等については、上記１の診療報酬に当たらないことから、自費診療報酬などとともに、自由診療に係る総収入金額に算入して事業（医業）所得の金額を計算することになります。

Aさんのケース

　Aさんの場合は、労働者災害補償保険法や自動車損害賠償保険法

による診療報酬について自由診療に係る総収入金額に算入して計算した事業所得の金額が是認されたものです。

Bさんのケース

　Bさんの場合は、労働者災害補償保険法及び自動車損害賠償保険法による診療報酬は、社会保険診療報酬の所得計算の特例が適用されないことから、是正するよう指導されたものです。

是否認の接点

1　租税特別措置法第26条に規定する社会保険診療報酬の所得計算の特例となる社会診療報酬は次の法律の規定によるものに限られています。

　⑴健康保険法、⑵国民健康保険法、⑶高齢者の医療の確保に関する法律、⑷船員保険法、⑸国家公務員共済組合法（防衛省の職員の給与等に関する法律を含む。）、⑹地方公務員等共済組合法、⑺私立学校教職員共済法、⑻戦傷病者特別援護法、⑼母子保健法、⑽児童福祉法、⑾原子爆弾被爆者に対する援護に関する法律、⑿生活保護法、⒀中国残留邦人等の円滑な帰国の促進並びに永住帰国した中国残留邦人等及び特定配偶者の自立支援に関する法律、⒁精神保健及び精神障害者福祉に関する法律、⒂麻薬及び向精神薬取締法、⒃感染症の予防及び感染症の患者に対する医療に関する法律、⒄心身喪失等の状態で重大な他害行為を行った者の医療及び観察等に関する法律、⒅介護保険法（特定のものに限る。）、⒆障害者の日常生活及び社会生活を総合的に支援するための法律（特定のものに限る。）、⒇難病の患者に対する医療等に関する法律（特定

のものに限る。）

2　上記1に掲げた診療報酬以外の診療収入（例えば、自費診療報酬、入院室料差額収入、美容整形報酬、正常分娩報酬、健康診断料、予防接種料や労働者災害補償保険法などの法律に基づく診療報酬など）については、自由診療に係る総収入金額に算入することになります。

3　上記1及び2の診療収入以外の事業収入及び付随収入（例えば、貸与寝具・テレビ・洗濯代等、医薬品の仕入リベート、患者紹介料など）は雑収入として、事業所得の総収入金額に算入することになります。

Ⅱ

一般及び特例規定による各種所得の金額の計算等

家内労働者等の所得計算の特例

調 査 事 例

　納税者Ａ、Ｂは、それぞれギターの講師をして次のような収入を得ている。

　Ａ、Ｂとも、所得税等の確定申告に際しては、事業所得の金額の計算において、「家内労働者等の所得計算の特例」を適用して、期限内に確定申告書を提出した。

（納税者Ａ）

○　ギターの講師は、友人が経営している「音楽教室」において、その教室に所属する生徒に対して行っている。

○　その報酬は、その友人の「音楽教室」から実績に応じて支払を受けている。

（納税者Ｂ）

○　自宅の一室を利用して近隣の子供たちを対象に「ギター教室」を開設し、その生徒を対象にしてギター演奏を教えている。

○　その報酬は、各生徒からその実績に応じて支払を受けている。

　ところが、税務調査において、Ａは是認されたが、Ｂは、「家内労働者等の所得計算の特例」の適用を否認され、事業所得の金額の再計算をするよう指導された。

事業所得又は公的年金等以外の雑所得の金額は、総収入金額から実際にかかった必要経費を差し引いて計算することになっています（所法27②、35②）。しかし、「家内労働者等」の場合には、必要経費として55万円（令和元年分以前は65万円）まで認められる「家内労働者等の所得計算の特例」があります（措法27、措令18の２）。

　この「家内労働者等」とは、家内労働法に規定する家内労働者や、外交員、集金人、電力量計の検針人のほか、特定の者に対して継続的に人的役務の提供を行うことを業とする人をいいます（措法27、措令18の２①）

 ## Ａさんのケース

　Ａさんの場合は、家内労働者等に該当するとしてその申告が是認されたものです。

 ## Ｂさんのケース

　Ｂさんの場合は、家内労働者等に該当しないとして「家内労働者等の所得計算の特例」の適用を否認され、事業所得の金額の再計算をするよう指導されたものです。

 ## 是否認の接点

　「家内労働者等の所得計算の特例」の適用が認められるのは、家内労働法に規定する家内労働者や外交員、集金人、電力量計の検針人のほか、「特定の者に対して継続的に人的役務の提供を行うこと

を業とする人」とされています。

　なお、この場合の「特定の者」は、必ずしも単数の者をいうのではなく、人的役務の提供先が特定している限り複数の者であっても差し支えありませんが、人的役務の提供先を広く募るなど、その業務の性質上、不特定の者を対象として人的役務の提供をする場合は該当しません。

　Aさんの場合は、人的役務の提供先が友人（「音楽教室」を経営している友人）に限定されているので、家内労働者等に該当するとしてその申告が是認されたものです。

　Bさんの場合は、自分が「音楽教室」を経営し不特定の者を相手にギター演奏を教えているので、家内労働者等に該当しないとして「家内労働者等の所得計算の特例」の適用が否認されたものです。

16

大口株主等が所有する
上場株式に係る配当等

調査事例

　納税者Ａ、Ｂは、それぞれ、上場会社甲社の株式を所有しており、毎年10月に配当金を受領している。

　令和5年10月にも例年どおり、配当金を受領しているが、その基準日におけるＡ、Ｂそれぞれの株式の保有割合は、それぞれ2.5％となっている。

　納税者Ａ、Ｂは、この配当金については、従来から、いわゆる「申告不要制度」を利用しており、令和5年分の配当金についてもこの制度を選択して、それ以外の所得についてそれぞれ期限内に確定申告書を提出した。

　なお、Ａが所有する株式はこの甲社の株式のみであるが、Ａの妻は次の株式を所有している。また、Ｂは、次のように、非上場会社乙社の株式を所有している。

（納税者Ａ）

○　Ａの妻は、非上場会社丙社の株式をその発行済み株式総数の80％所有し、その丙社は、上場会社甲社の株式を所有しており、令和5年10月の配当に係る基準日における丙社の甲社株式保有割合は、2％である。

（納税者Ｂ）

○　Ｂは、非上場会社乙社の株式をその発行済み株式総数の60％所有し、その乙社は、上場会社甲社の株式を所有してお

り、令和5年10月の配当に係る基準日における乙社の甲社株式保有割合は、2％である。

ところが、税務調査において、Aは是認されたが、Bは令和5年10月に受領した上場会社甲社の配当金について、総合課税により配当所得を申告するよう指導を受けた。

(注)　この事例の論点であるいわゆる「大口株主等」については、租税特別措置法第8条の4第1項第1号に定められているが、当条項は令和4年の税制改正により改正され、改正法は令和5年10月1日以後に支払を受けるべき配当等から適用されているところ、本冊子の出版時点では、令和5年分の確定申告期限未到来であるので、具体的是否認事例としては未発生である。

　　　　　上場株式の配当（大口株主等が支払を受ける上場株式の配当を除きます。）については、納税者の判断により確定申告をしなくてもよいこととされており（確定申告不要制度の選択）、また、確定申告をする場合にも総合課税によらず、申告分離課税を選択することができることとされています（所法22、24、措法8の4）。

　なお、大口株主等が支払を受ける上場株式の配当及び非上場株式の配当については、総合課税の対象となり、申告分離課税や確定申告不要制度（いわゆる「少額配当」である場合を除きます。）を選択することはできません（措法8の4）。

Aさんのケース

　Aさんの場合は、大口株主等には該当しないとして、その申告が是認されたものです。

 ## Bさんのケース

　Bさんの場合は、大口株主等に該当するとして、令和5年10月に受領した上場会社甲社の配当金について、総合課税により配当所得を申告するよう指導を受けたものです。

 ## 是否認の接点

　上場株式の配当であっても、総合課税の対象となる「大口株主等が支払を受ける上場株式の配当」の「大口株主等」とは、その配当の支払に係る基準日において、その内国法人の発行済株式等の総数の3％以上の株式を有する個人をいいます（旧措法8の4①一）。

　また、令和5年10月1日以後に支払われる上場株式の配当については、「3％以上」の判定については、その支払を受ける個人とその個人に係る同族法人が保有する株式を合算して行うこととされています（措法8の4①一）。

　Aさんの場合は、令和5年10月1日以後に支払われる上場株式の配当であり、Aさんの株式の保有割合は2.5％で、Aさんに係る同族法人が保有する株式はないので、その申告が是認されたものです。

　Bさんの場合は、その年のBさん自身の上場会社甲社株式の保有割合は2.5％で「3％未満」ですが、令和5年10月1日以後に支払われる上場株式等の配当であるので、Bさんに係る同族法人である

　非上場会社乙社の有する株式保有割合 2 ％を加算すると4.5％とな
るので、大口株主等に該当するとして、令和 5 年10月に受領した上
場会社甲社の配当金は、総合課税により配当所得を申告するよう指
導を受けたものです。

⑰ 入居保証金に係る経済的利益と不動産所得の総収入金額

調査事例

　納税者Ａ、Ｂは、それぞれ自己所有地に貸ビルを建築し、賃貸料及び入居保証金を受け取ったが、入居保証金については将来返還するものであることから不動産所得の総収入金額に計上しないで申告した。なお、賃貸借契約の内容等は次のとおりである。

（納税者Ａ）

○　契約期間　　　　20年

○　入居保証金　　　３億円

○　賃貸料（月額）　150万円

○　入居保証金は、入居の時から10年間据置後、11年目から10年間で均等償還（返還）する。なお、無利息である。

○　入居保証金を貸ビルの建築資金の一部に充てた。

（納税者Ｂ）

○　契約期間　　　　20年

○　入居保証金　　　３億円

○　賃貸料（月額）　150万円

○　入居保証金は、契約期間満了後、一括返還する。なお、無利息である。

○　貸ビル建築と同じ時期に自宅を建築し、入居保証金を自宅の建築資金として使用した。

　　ところが、税務調査において、Ａの場合は是認されたが、Ｂの場合は入居保証金に係る経済的利益が不動産所得の総収入金額の計上漏れであると判断された。

　　建物の賃貸借に際して賃貸人に預託される敷金、保証金等の名目の金銭については、その額が社会的・経済的に通常授受されている程度の範囲内（例えば、アパートの敷金で家賃の2〜3か月分相当額以下など）のものである限り、その金銭の預託を受けたことに伴って生ずる経済的な利益に対する課税関係は特に生じないものと考えられます。

　しかし、通常授受される程度の範囲を超えて相当多額な敷金・保証金等を無利息で預かった場合には、次のような理由で経済的利益が生ずると考えられることから、原則として、その経済的利益の額（適正な利率(注)により計算した利息相当額となりますが、利息の定めがある場合には、その約定利率を差し引いた利率により計算した金額となります。）を各年の賃貸料収入に加算して不動産所得を計算することになります（所法36①②）。

(注)　「適正な利率」とは、各年の「定期預金の平均年利率（預入期間10年・1千万円以上）」によることとされている（令和4年、令和3年0.002％、令和2年0.007％、平成31・令和元年0.01％）

(1)　多額な敷金・保証金等を授受することによって、賃貸料を低額に取り決めているような場合には、その多額な授受によって生ずる経済的な利益は、取りも直さず、賃貸料に代わるものと考えられること

(2)　賃貸料の額は一般に取引されている額と大差ないのに、敷金・保証金等の額が通常授受されている額より相当多額な場合には、

その相当多額な敷金・保証金等の授受によって生ずる経済的な利益は、いわば賃貸料の前払い又は追加払いと考えられること

なお、預託された敷金・保証金等を不動産所得等に係る業務の用に使用している場合には、その総収入金額に加算する経済的利益の額と同額が、その業務のための借入金の利子とみなしてその業務の必要経費に算入され、その差額が「０」となりますので、結果として課税関係は生じないこととなります。

また、預託された敷金・保証金等を銀行預金や公社債、貸付信託等の金融資産に運用されている場合にも経済的利益の額が計算されますが、加えて、利子所得や雑所得等としても課税されるので、二重課税になるのではないかとの疑問が生じます。理論的には、経済的利益の収益と銀行預金等による収益とは別個の行為によるものと解されますが、担税力の面で酷になることを考慮し、強いて経済的利益の額を総収入金額に計上する必要はないものと考えられます。

Aさんのケース

Aさんの場合は、預託された入居保証金をビルの建築資金の一部に充てているため、総収入金額と必要経費の額の双方に入居保証金に係る経済的利益の額が同額算入され、是認されたものです。

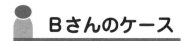

Bさんのケース

Bさんの場合は、預託された入居保証金をビル建築と同じ時期に建築した自宅の資金に充てていたことから、入居保証金に係る経済的利益の額が不動産所得の総収入金額に算入する必要があると認定されたものです。

是否認の接点

　通常授受される範囲を超えて相当多額な敷金・入居保証金等を無利息で預託されたことに伴い生ずる経済的利益の課税については、その預託された敷金・入居保証金等の使途等によって取扱いが異なります。

　すなわち、預託された敷金・保証金等を、①貸ビルの建築資金に充てるなど業務の用に使用等している場合は、結果としてその経済的利益についての課税関係が生じないこととなり（例えば、Aさんの場合）、②銀行預金等の金融資産に運用されている場合には、その経済的利益の額については敢えて課税しないこととされており、また、③例えばBさんの場合のように、自宅の建築資金に充てるなど上記①、②以外（具体的には、家事用）に使用等している場合には、その経済的利益に相当する金額が課税の対象となります。

18

保証金に係る償却額と
不動産所得の総収入金額

調 査 事 例

　不動産貸付業を営むＡ、Ｂは、建物の賃貸に際し、それぞれ賃借人から次の契約条件で保証金を受け取った。しかし、２人とも貸付開始の年分の不動産所得の金額の計算上、総収入金額に算入していなかった。

（納税者Ａ）

○　保証金　　2,000万円

○　契約条件　賃貸人は、契約が３年以内に解除された場合は全額、３年経過後５年以内に解除された場合は90％相当額、５年経過後に解除された場合は80％相当額を賃借人に返還する。

（納税者Ｂ）

○　保証金　　2,000万円

○　契約条件　賃貸人は、契約が終了した場合、賃貸物件の引渡し完了後に全額を賃借人に返還する。ただし、使用建物に損害がある場合の契約終了又は賃借人の都合による契約の解除の場合には、20％相当額は返還を要しない。

　ところが、税務調査において、Ａの場合は是認されたが、Ｂの場合は保証金の一部が貸付開始の年分の総収入金額計上漏れとされた。

不動産等の貸付等に伴い敷金や保証金等の名目で収
受する金銭等（以下「敷金等」といいます。）の額は、本
来は、賃借人の債務を担保するためのものであり、そ
れ自体は賃貸人の収入となるものではありません。

　しかし、個々の賃貸借契約の内容によっては、契約当初から、あ
るいは一定期間が経過すれば、その一部ないし全部が賃貸人に帰属
するというような敷金等があり、そのような敷金等については、実
質的には、権利金や更新料などと同じ性質のものと認められること
から、次に掲げる態様に応じ、それぞれ次に掲げる日の属する年分
の不動産所得の総収入金額に算入することとして取り扱われていま
す（所基通36−7）。

(1)　敷金等のうちに不動産等の貸付期間の経過に関係なく返還を要
　　しないこととなっている部分の金額がある場合におけるその返還
　　を要しないこととなっている部分の金額

　　イ　貸付資産の引渡しを要するもの……引渡日（契約の効力発生日
　　　によることもできる。）

　　ロ　貸付資産の引渡しを要しないもの……契約の効力発生日

(2)　敷金等のうちに不動産等の貸付期間の経過に応じて返還を要し
　　ないこととなる部分の金額がある場合におけるその返還を要しな
　　いこととなる部分の金額……契約に定められたところにより返還
　　を要しないこととなった日

(3)　敷金等のうちに不動産等の貸付期間が終了しなければ返還を要
　　しないことが確定しない部分の金額がある場合において、その終
　　了により返還しないことが確定した金額……貸付終了日

Ａさんのケース

　Ａさんの場合は、貸付開始の年分において賃貸人に帰属する保証金の額は認められず、是認されたものです。

Ｂさんのケース

　Ｂさんの場合は、賃貸期間にかかわらず、貸付開始の年分において保証金の20％相当額（400万円）は返還を要しないことが確定したと解されるため、総収入金額計上漏れと認定されたものです。

 ## 是否認の接点

　Ａさん、Ｂさんともに、5年経過後に賃借人の都合で契約が解除された場合における返還を要しないこととなる保証金の額（以下「保証金償却額」といいます。）は同額（保証金の20％相当額）となります。

　しかし、Ａさんについてみると、契約上、保証金償却額は、3年経過時に10％相当額（200万円）、5年経過時に10％相当額（200万円）とされていますので、それぞれの年分の不動産所得の総収入金額にそれぞれ計上することになります。

　したがって、Ａさんの場合は、契約した年分の不動産所得の総収入金額に計上する保証金償却額はないものと考えられます。

　これに対して、Ｂさんの場合は、契約上、「使用建物に損害がある場合の契約終了又は賃借人の都合による契約の解除の場合には、20％相当額は返還を要しない。」こととされていますので、保証金の全額が返還されるのは「賃貸人の都合による契約の終了・解除であって、使用建物に損害がない場合」に限られることになります。

　しかし、通常は「使用建物に損害がない場合」は考え難いことから、保証金の20％（400万円）については、契約に基づいて賃貸物件を賃借人に引き渡した時に返還を要しないことが確定したものと認定され、貸付開始の年分の不動産所得の総収入金額に計上すべきものと判断されたものと考えられます。

19

課税の対象となる
為替差損益が生じる場合

調 査 事 例

　納税者Ａ、Ｂは、それぞれ米国の銀行に十数年前に設定した
ドル建ての定期預金を保有していたが、令和４年８月に、それ
ぞれ定期預金を解約し、その資金は、それぞれ次のような購入
資金等に費消等した。

　なお、Ａ、Ｂとも、令和４年分の所得税等の確定申告書は、
この定期預金の解約等に係る事項については記載しないところ
で期限内に提出した。

（納税者Ａ）

○　納税者Ａは、解約したドル建ての定期預金の資金について
　は、近い将来の不動産購入のための資金とするため、当分の
　間の措置として、同じ銀行の普通預金口座（ドル建て）で保
　管することとした。

（納税者Ｂ）

○　納税者Ｂは、解約したドル建ての定期預金の資金を基に、
　有価証券を購入した。

　ところが、税務調査において、Ａは是認されたが、Ｂは、有
価証券を購入した際に生じた為替差益に係る雑所得を申告する
よう指導された。

1　為替差損益は、基本的には、居住者が外貨建取引を行った際に発生するものであり、居住者が外貨建取引を行った場合には、その外貨建取引の金額の円換算額はその外貨建取引を行った時における外国為替の売買相場により換算した金額として、その者の各種所得の金額を計算するものとされています（所法57の3①）。

　この外貨建取引とは、外国通貨で支払が行われる資産の販売及び購入、役務の提供、金銭の貸付け及び借入れその他の取引をいいます（所法57の3①）。

　また、外国通貨で表示された預貯金を受け入れる金融機関を相手方とするその預貯金に関する契約に基づき預入が行われるその預貯金の元本に係る金銭により引き続き同一の金融機関に同一の外国通貨で行われる預貯金の預入は、この外貨建取引には該当しないものとされています（所令167の6②）。なお、この規定は例示規定であると解されています（国税庁質疑応答事例）。

2　各種所得の金額の計算は、いわゆる「権利確定主義」によるものと解されていることから、その為替差損益が未実現の利得である場合はその利得を所得（為替差損益）として認識することにはなりませんが、外貨建取引をした場合は、その外貨建取引をしたことにより、新たな経済的価値（新たな資産の評価額）を持った資産が外部から流入し、それまでは評価差額にすぎなかった為替差損益相当額が所得税法第36条《収入金額》の収入すべき金額として実現したときには、為替差損益に係る所得として認識することになります（所法57の3①、国税庁質疑応答事例）。

Aさんのケース

　Aさんの場合は、十数年前に設定したドル建ての定期預金を解約
し、その資金を同じ銀行の普通預金口座（ドル建て）に預け入れて
保管しており、その預け入れは外貨建取引に該当しないこととされ
ていますので、その申告が是認されたものです。

 Bさんのケース

　Bさんの場合は、十数年前に設定したドル建ての定期預金を解約
し、その資金を基に、有価証券を購入しており、その購入は外貨建
取引に該当するので、有価証券を購入した際に生じた為替差益に係
る雑所得を申告するよう指導されたものです。

　是否認の接点　

　Aさんのように、①同一の金融機関に、②同一の外国通貨で、③
継続して預け入れる場合の預貯金の預入は、外貨建取引に該当しな
いこととされていますので、その元本部分に係る為替差損益が認識
されることはありませんが、Bさんのように、外貨建ての預金を
もって有価証券を購入した場合は、新たな経済価値（その購入時点に
おける評価額）をもった資産（有価証券）が外部から流入したことに
より、それまでは評価差額にすぎなかった為替差損益に相当するも
のが所得税法第36条の収入すべき金額として実現したものと考えら
れますので、その有価証券の購入価額の円換算額とその購入に充て
た外国通貨を取得した時の為替レートにより円換算した金額との差
額（為替差損益）を所得として認識する必要があります。

⑳ 連帯債務による住宅ローンの場合の 団体信用保険による返済により 生ずる経済的利益

　納税者Ａ、Ｂは、５年前に、それぞれ銀行から、それぞれの妻を連帯債務者とする住宅ローンによりマイホーム（妻との共有）を取得し、その年以後毎年、それぞれ住宅借入金等特別控除の適用を受けてきたが、令和４年８月10日、Ａ、Ｂとも、不慮の事故により死亡した。

　なお、この銀行からの住宅ローン契約の契約者（主契約者一人）は、いわゆる「団体信用保険」に加入することが住宅ローン契約の必須条件となっており、Ａ、Ｂはその保険に加入しており、その死亡により、住宅ローン残高はなくなっている。

　Ａ及びＢの妻は、それぞれ令和４年分の所得税等の確定申告書を次により提出した。

（納税者Ａの妻）

○　納税者Ａの妻は、住宅ローン残高のうち、自分が負っている債務残高部分について、一時所得として、確定申告書を提出した。

（納税者Ｂの妻）

○　納税者Ｂの妻は、住宅ローンに関する事項は記載しないで、確定申告書を提出した。

　ところが、税務調査において、Ａの妻は是認されたが、Ｂの妻は、自分が負っている債務残高部分について、一時所得として申告するよう指導された。

　　　　所得税の計算上、その年分の各種所得金額の計算上収入金額又は総収入金額に算入すべき金額は、別段の定めがあるものを除き、その年において収入すべき金額（金銭以外の物又は権利その他経済的利益をもって収入する場合には、その金銭以外の物又は権利その他経済的利益の価額）とすることとされています（所法36①）。

　この「金銭以外の物又は権利その他経済的利益」には、債務の免除を受けた場合におけるその免除を受けた金額に相当する利益が含まれます（所基通36－15(5)）。

　なお、この金銭以外の物又は権利その他経済的利益の価額は、その物又は権利を取得し、又はその利益を享受する時における価額とされています（所法36②）。

　法人から受ける債務免除益は、業務に関連して受けるもの及び継続的に受けるものを除き一時所得に該当します（所法34①）。

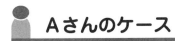 Ａさんのケース

　Ａさんの妻の場合は、住宅ローン残高のうち、自分が負っている債務残高部分が免除された利益について、一時所得として確定申告書を提出したためその申告が是認されたものです。

Ⅲ

収入金額の計算等

 **Bさんのケース**

　Bさんの妻の場合は、住宅ローンに関する事項は記載しないで確定申告書を提出したため、住宅ローン残高のうち、自分が負っている債務残高部分が免除された利益について、一時所得として申告するよう指導されたされたものです。

 是否認の接点

　所得税の計算に当たっては、金銭による収入だけでなく経済的利益による収入も課税の対象とされています。

　Aさんの妻及びBさんの妻は、夫A及び夫Bがいわゆる「団体信用保険」に加入していたことにより両人が不慮の事故により死亡したため、それぞれの妻を連帯債務者とする住宅ローンのローン残高はなくなっています。

　これは、Aさんの妻及びBさんの妻は、夫A及び夫Bがいわゆる「団体信用保険」に加入していたことにより両人が不慮の事故により死亡したため、それぞれの妻を連帯債務者とする住宅ローン残高（住宅ローン残高のうち、自分が負っている債務残高部分）が免除されたことによるものと認められます。

　そうであれば、法人（銀行）から受ける債務免除益であり、業務に関連して受けるもの及び継続的に受けるものでないので一時所得に該当します。

　このようなことから、Bさんの妻の場合は、住宅ローン残高のうち、自分が負っている債務残高部分が免除された利益について、一時所得として申告するよう指導されたされたものです。

21 長期にわたる役務の提供に係る 総収入金額の計上時期

調査事例

　納税者Ａ、Ｂは、事業に係る総収入金額等について、それぞれ次のとおり申告した。

（納税者Ａ）

○　弁護士

○　いわゆる「着手金」は、仕事を依頼されたときに受け取っており、その仕事が２年以上継続するものについても、仕事を依頼された日の属する年の総収入金額に計上している。

（納税者Ｂ）

○　歯列矯正専門歯科医

○　歯列矯正料は、矯正装置を装着した時に一括請求し受領しているが、処置料等については診療の都度請求し受領している。

○　歯列矯正料の総収入金額計上は、初年度に一括請求額の40％、第２年度に40％、第３年度に20％相当額としている。

　ところが、税務調査において、Ａの場合は是認されたが、Ｂの場合は初年度に一括して総収入金額に計上すべきであると認定された。

1　その年分の事業所得の金額の計算上総収入金額に
算入すべき金額については、所得税法第36条に「別
段の定めがある場合を除き、その年において収入す
べき金額とする。」旨規定されていますが、その具体的な総収入
金額の計上時期については、その収入の態様等に応じて所得税基
本通達36−8に定められています。

2　そのうち、「人的役務の提供（請負を除く。）による収入金額」に
ついては、原則として人的役務の提供を完了した日とされていま
すが、人的役務の提供による報酬を期間の経過又は役務の提供の
程度等に応じて収入する特約又は慣習がある場合におけるその期
間の経過又は役務の提供の程度等に対応する報酬については、そ
の特約又は慣習によりその収入すべき事由が生じた日とされてい
ます（所基通36−8(5)）。

 Aさんのケース

Aさんの場合のいわゆる「着手金」は、事件の依頼を受けたとき
に支払われるのが慣習として定着していると認められたため、その
総収入金額の計上時期は仕事を依頼された日の属する年であるとし
て是認されたものです。

 Bさんのケース

Bさんの場合の診療料金は、歯列矯正治療料規定の区分に応じて
患者との契約により定めており、そのうちの歯列矯正料については、
矯正装置の装着時に請求・受領することとしていることから、初年
度に一括して総収入金額に計上すべきであると認定されたものです。

是否認の接点

1　一般に委任事務を処理することを業とする人が、いわゆる着手金、手付金、その他手数料等の名目でその事務の完了前に受け取った収入金額は、委任事務の履行による報酬とはその性格が異なり、委任契約に伴う受任の対価又はその付随的行為に対する対価に相当するものであると考えられ、報酬の前受金たる性格を有するものではないと認められます。

2　弁護士の着手金は、事件等の結果いかんにかかわらず、事件の依頼を受けたときに支払われるのが慣習として定着しているようですので、このような慣習のある場合の報酬の総収入金額計上時期は、その慣習に従うことになります。したがって、Ａさんの着手金等の総収入金額の収入すべき時期は、受任事務の履行完了の時ではなく、原則として受任した時によることになります。

3　Ｂさんは、「矯正歯科診療は長期間を要し、その矯正料はその間の役務提供の対価であるから、各年の診療回数に比例して収益の帰属時期が決定される。」と考えたものと思われます。

　ところで、歯列矯正の診療料金は、一般的には、歯列矯正治療料規定の区分に応じて計算することとされており、個別の患者との関係においては、①歯列矯正料については、矯正装置装着時に一括して請求・受領し、また、②処置料や観察料等については、その都度請求・受領している例が多いようです。

　このように歯列矯正料についても、矯正装置装着の時に支払われるのが慣習として定着しているようですので、Ｂさんの場合、歯列矯正料は矯正装置装着時の総収入金額に計上すべきと認定されたものです。

（22）

請負工事に係る総収入金額の計上時期

調 査 事 例

　納税者Ａ、Ｂは、それぞれ木造建築請負業（大工）を営んでいるが、事業に係る総収入金額等について、それぞれ次のとおり申告した。

（納税者Ａ）

○　それぞれの請負工事（工事着工の年中に引渡しが行われないもので、長期大規模工事に当たらない工事）について、工事進行基準の方法によって経理し、その経理した収入金額及び費用の額によって事業所得の金額を計算している。

○　建築主からの工事代金の受領は、通常は、契約の時、棟上げの時及び完成して建物の引渡しの時にそれぞれ３分の１ずつ受け取ることとしている。

（納税者Ｂ）

○　請け負う工事等はいわゆる「手間請負」の仕事が多く、その工事代金の建築主からの受領は、通常、契約の時、棟上げの時及び完成して建物の引渡しの時にそれぞれ３分の１ずつとし、支払の方は、人工代等については、おおむね工事の進行度合によっており、事業所得の金額の計算においても、このような方法（いわば「現金主義」）によっている。ただし、所得税法第67条のいわゆる現金主義の届出書の提出は行っていない。

○　今年は戸建ての請負工事（工事着工の年中に引渡しが行われな

いもので、長期大規模工事に当たらない工事）があったが、この工事代金の受領等についても他の工事と同様の方法によっている。

ところが、税務調査において、Ａの場合は是認されたが、Ｂの場合はいわゆる現金主義の方法が否認された。

1　その年分の事業所得の金額の計算上総収入金額に算入すべき金額については、所得税法第36条に、「別段の定めがあるものを除き、その年において収入すべき金額とする。」旨規定されており、その具体的な総収入金額の計上時期については、その収入の態様等に応じて所得税基本通達36－8により取り扱うこととされています。

そのうち、「請負による収入金額」は、物の引渡しを要する請負契約の場合は、目的物の全部を完成して相手に引き渡した日、また、物の引渡しを要しない請負契約の場合は、その役務の提供を完了した日とするのが原則ですが、一つの契約により多量に請け負った同種の建築工事等についてその引渡量に従い工事代金等を収入する旨の特約や慣習がある場合又は一個の建設工事等についてその完成部分を引き渡した都度その割合に応じて工事代金等を収入する旨の特約や慣習がある場合には、その引き渡した部分に係る収入金額については、その特約や慣習により相手方に引き渡した日が総収入金額の計上の時期となります（所基通36－8(4)）。

2　所得税法第66条には、同法第36条及び第37条の「別段の定め」として、「工事の請負に係る収入及び費用の帰属時期」が規定されています。

　このうち、①長期大規模工事（工事着工日から工事完了・引渡日までの期間が1年以上であることなど一定の要件に該当する大規模な工事）については、「工事進行基準」によることとされ、②長期大規模工事に該当しない工事で、その工事着工の年中に引渡しが行われないもの（以下「長期工事」といいます。）の請負契約をした場合において、その長期工事による収入金額及び費用の額について、その工事の着工時から目的物が完成して引渡しをする年の前年までの各年において「工事進行基準」の方法により経理したときは、その経理した収入金額及び費用の額を各年分の事業所得の金額の計算上総収入金額及び必要経費とすることができることとされています（所法66①②）。

　ただし、着工の年の翌年以後のいずれかの年に工事進行基準の方法によって経理しなかった場合には、その経理しなかった年の翌年分以後の各年分の事業所得の金額の計算については、この特例を適用することができないこととされています（所法66②）。

　なお、「工事進行基準」とは、次の算式により計算した利益の額に対応する収入金額及び費用の額をその年分の総収入金額及び必要経費の額とする方法です（所令192③、193）。

（算式）

$$\binom{\text{工事の請負の対価の}}{\text{額及び工事原価の額}} \times (\text{工事進行割合})$$

$$- \binom{\text{その年の前年以前の各}}{\substack{\text{年分の収入金額及び費}\\\text{用の額とされた金額}}} = \substack{\text{その年分の収入金額}\\\text{及び費用の額}}$$

（注）　上記算式の「工事進行割合」とは、工事原価の額のうちに工事のために既に要した原材料費、労務費その他の経費の額の合計額の占める

割合その他の工事の進行の度合を示すものとして合理的と認められる
ものに基づいて計算した割合をいいます（所令192③）。

 # Aさんのケース

　Aさんの場合は、請負工事について「長期工事」として工事進行
基準による経理処理を行っていることから、その経理処理による事
業所得の金額の計算が認められたものです。

 # Bさんのケース

　Bさんの場合は、引渡しの時の年に一括して収入に計上すべきで
あると認定されたものです。

 ## 是否認の接点

　Aさんの場合は、「長期工事」について、工事進行基準による経
理処理の特例が認められたものです。

　これに対して、Bさんの場合は、総収入金額の計上時期について、
いわゆる「引渡基準」による原則を適用すべきと認定されたもので
す。

　なお、Bさんは、その契約や工事着手の時、中間金として棟上げ
の時、また、工事が完成して引渡しを行う時などに分けて工事代金
の授受が行われているようですが、その工事の一部についての引渡
しが行われているわけでもないことから、所得税基本通達の「特
約・慣習」の適用はないものと判断されたものです。

23

事業的規模の場合と業務的規模の場合の不動産所得の必要経費

調査事例

　青色申告者であるＡ、Ｂは、次のとおり不動産貸付けを行っているが、不動産所得の金額の計算上、ともに青色事業専従者給与を必要経費に算入して申告した。なお、Ａの場合は、ビルの共用部分等の清掃等の日常の維持管理業務をＡが行っているが、Ｂの場合は、その業務は賃借人が行っている。

（納税者Ａ）

○　貸付不動産の規模　　鉄筋コンクリート６階建ビルの１階から５階までの計７室を賃貸しているが、６階は居住用として使用

○　不動産所得の総収入金額　　2,000万円

○　公的年金等の収入金額　　300万円

（納税者Ｂ）

○　貸付不動産の規模　　鉄筋コンクリート３階建ビルの各階の計６室を賃貸

○　不動産所得の総収入金額　　600万円

○　給与所得の収入金額　　1,500万円

○　Ｂは会社員であり、賃貸ビルの日常の掃除等は賃借人が行っている。

　ところが、税務調査において、Ａの場合は是認されたが、Ｂの場合は青色事業専従者給与の必要経費算入が否認された。

1　不動産所得の金額の計算上、不動産の貸付けが「事業的規模の場合」と「事業に至らない業務的規模の場合」とで、次のようにその取扱いに差異があります。

	事業的規模の場合	事業に至らない業務的規模の場合
不動産や船舶などの取壊し・滅失などによる損失額（所法51①④、72①）	全額が必要経費	不動産所得の金額の範囲内の額が必要経費。ただし、災害、盗難、横領により生じた損失については、雑損控除との選択をすることができる。
未収入の賃貸料等の貸倒れ等による損失額（所法51②、64①）	全額が必要経費	収入に計上されていた年分まで遡って収入金額から減額される。
貸倒引当金（所法52）	繰入限度額に達するまでの繰入額が必要経費	（適用なし）
青色事業専従者給与、（白色）事業専従者（所法57①③）	全額が必要経費（白色の場合は一定の限度計算）	（適用なし）
65万円（55万円）の青色申告特別控除（措法25の2③〜⑥）	全額が控除（不動産・事業所得の金額が限度）	（適用なし）※10万円控除の適用はある。
確定申告税額の延納に係る利子税（所法45①二、所令97①一）	不動産所得に対応する部分が必要経費	（適用なし）

　したがって、不動産の貸付けが事業に至らない業務的規模の場合には、例えば、青色事業専従者給与額や（白色）事業専従者控除額は控除できないこととなります。

2　ところで、建物の貸付けが事業的規模で行われているかどうかは、社会通念上事業とみられる程度の規模で建物の貸付けを行っ

Ⅳ

必要経費の金額の計算等

ているかどうかにより判定することとされていますが、次に掲げる事実のいずれかに該当する場合又は賃貸料の収入の状況や貸付資産の管理の状況等からみてこれらの場合に準ずる事情があると認められる場合には、特に反証がない限り、事業として行われているものとして取り扱われることとされています（所基通26－9）。

(1)　貸間、アパート等については、貸与することができる独立した室数がおおむね10室以上であること

(2)　独立家屋の貸付けについては、おおむね5棟以上であること

 ## Ａさんのケース

　Ａさんの場合は、貸付室数が7室ですので、「おおむね10室以上」の形式基準には該当しませんが、賃貸料の収入の状況、貸付ビルの諸設備の状況とその維持管理状況等を総合判断して、社会通念上不動産所得を生ずべき事業として行われているとして是認されたものです。

 ## Ｂさんのケース

　Ｂさんの場合も「おおむね10室以上」の独立室数の貸付けでない点はＡさんの場合と同様ですが、Ｂさんの場合は、賃貸料収入の状況、Ｂさんの全収入金額のうちに占める賃貸料収入金額の割合、貸付ビルの維持管理状況等を総合判断した結果、事業として行われていないとして否認されたものです。

是否認の接点

　建物の貸付けの場合、独立家屋おおむね５棟以上、独立室数おおむね10室以上であれば所得税基本通達26－９の形式基準を充たし事業的規模として取り扱われますが、形式基準に該当しない場合は、同通達の実質基準により判断されることになります。

　すなわち、①賃貸建物の規模等、②賃貸料収入の状況及び③賃貸建物の管理状況等の三つの要素を総合勘案して、社会通念上事業といえるかどうかを判断することになります（所基通26－９）。

　Ａさんの場合は、次の(1)から(4)の事実を総合して判断した結果、社会通念上事業として行われているものと認定されたものです。

(1)　本件ビルの賃貸部分は独立室数７室であるが、１フロアを１室として貸し付けている大規模なものがあること

(2)　本件ビルには、共用部分としてエレベーター、各階ごとに冷暖房設備、各室ごとに洗面所及び湯沸かし場等相応の設備が施されており、本件ビルの貸付けを継続することを予定している構造と認められること

(3)　Ａさんらは、賃貸料の額の決定に当たって近隣の調査を行い、その改定に当たって賃借人と交渉してきたことや、電力料その他管理費について毎月、各賃借人ごとに按分計算して請求していること、毎月１回のエレベーターや電気工作物の保守点検の立会いを実施していること、日常の清掃業務を行っていることなどからみて、本件ビルの貸付けに当たって一定程度の精神的肉体的労力を費やしていると認められること

(4)　Ａさんの全収入金額に占める本件ビル貸付けの収入金額の割合が高いこと

　これに対して、Ｂさんの場合は、特別な諸設備もなく、日常の維持管理業務は賃借人側で行っていること、また、本件建物の貸付収入金額がＢさんの全収入金額に占める割合も高くないこと等を総合して判断された結果、未だ事業とはいえないと判断されたものです。

【参考】平成19年12月４日裁決〈裁決事例集No.74－37頁〉（要旨）

○　不動産貸付けが不動産所得を生ずべき事業に該当するか否かは、①営利性・有償性の有無、②継続性・反復性の有無、③自己の危険と計算における事業遂行性の有無、④取引に費やした精神的・肉体的労力の程度、⑤人的・物的設備の有無、⑥取引の目的、⑦事業を営む者の職歴・社会的地位・生活状況などの諸点を総合して、社会通念上事業といい得るか否かによって判断するのが相当と解される。

　本件貸付けは、種々の認定事実からからすると、請求人における事業遂行上その企画性は乏しく、危険負担も少ないと認められる。また、請求人の自己の危険と計算による事業遂行性は希薄であると認められる。さらに、本件貸付けに費やす精神的・肉体的労力の程度は、実質的には相当低いと認められる。

　これらの諸点を総合勘案すると、本件貸付けは、社会通念上事業と称するに至る程度のものとは認められないと判断するのが相当である。

---

(24)

相続により取得した業務用資産に係る 固定資産税

調 査 事 例

Aの父甲、Bの父乙は、それぞれ賃貸用マンション１棟（24世帯入居できるもの）を所有し、不動産所得を得ていたが、甲・乙の二人とも交通事故で死亡した。相続人であるA及びBは、それぞれその賃貸用マンションを相続し、不動産賃貸収入を得ることとなったが、A宅に、甲が死亡した日から１か月後に、甲宛に固定資産税の納税通知書が届いた。また、B宅にも、同様に、乙が死亡した日から２か月後に、乙宛の固定資産税納税通知書が届いた。

（納税者A）

○ 父甲宛の固定資産税納税通知書により通知された全額について、相続人であるAの確定申告において、不動産所得の金額の計算上必要経費に算入した。

（納税者B）

○ 父乙宛の固定資産税納税通知書により通知された額について、１月１日から死亡の日までの日数と死亡の日の翌日から12月31日にまでの日数で按分して計算し、その死亡の日までの期間に対応する固定資産税の額を父乙の準確定申告書の不動産所得の金額の計算において、必要経費に算入した。

ところが、税務調査において、Aの場合は是認されたが、B

> の場合は、固定資産税の額の必要経費算入が否認された。

1　業務の用に供される資産に係る固定資産税、登録免許税（特許権のように登録により権利が発生する資産に係るもの等、取得価額に算入されるものを除きます。）等は、その業務に係る各種所得の金額の計算上必要経費に算入されます（所基通37－5）。

なお、この「業務の用に供される資産」には、相続、遺贈又は贈与により取得した資産が含まれます。

2　これらの租税の必要経費算入の時期は、原則として賦課決定等によりその納付すべきことが具体的に確定した時とされています。ただし、固定資産税のように、納期が分割して定められているものは、各納期の税額をそれぞれの納期の開始の日、又は実際に納付した日の属する年分の必要経費とすることもできることとされています（所法37、所基通37－6）。

なお、年の中途において死亡又は出国した場合には、その死亡又は出国の時までに、賦課決定等によりその納付すべきことが確定したものに限られますので、例えば固定資産税の場合は、死亡又は出国の日までに納税通知書が届かなければ、必要経費に算入する固定資産税はないことになります。

（参考）固定資産税の場合の関連表

納税通知書の到達の時期	被相続人の所得計算（準確定申告）	相続人の所得計算（確定申告）
死亡前の場合	次の①～③のいずれかを選択して必要経費に算入する。①全額、②納期到来分、③実際に納付した分	被相続人の所得計算上必要経費に算入された部分以外の全額を必要経費に算入する。

死亡後の場合	（必要経費に算入することができない。）	次の①～③のいずれかを選択して必要経費に算入する。①全額、②納期到来分、③実際に納付した分

Aさんのケース

　Aさんの場合は、納税通知書が父甲の死亡の日の後に到達していることから、相続人であるAさんの確定申告の不動産所得の必要経費に算入した処理が是認されたものです。

Bさんのケース

　Bさんの場合は、納税通知書が父乙の死亡の日の後に到達していることから、父乙の準確定申告の不動産所得の必要経費に算入した処理が否認されたものです。

　なお、否認された固定資産税の額は、Bさんの不動産所得の金額の計算上必要経費に算入することができますので、更正の請求の手続をとっていただくことになります。

 是否認の接点

　相続によって取得した業務用資産に係る固定資産税の必要経費算入については、被相続人の準確定申告における不動産所得等の金額の計算又は相続人の確定申告における不動産所得等の金額の計算のいずれかにおいて行うことになりますが、その被相続人の死亡の日において「その納付すべき金額が具体的に確定しているか否か」が

　ポイントとなります。したがって、実務上は、上記表のように、固定資産税納税通知書が到達しているかどうかによって取扱いを異にすることになります。

資 格 取 得 の た め の 費 用

調 査 事 例

　納税者Ａ、Ｂは、それぞれ次の資格取得のために要した費用
を事業所得の金額の計算上必要経費に算入していた。

（納税者Ａ）

○　病院を経営する医師であるが、見習看護師に准看護師の資
　格を取得させるため、専門学校に通わせ、その費用をＡが支
　払っている。

（納税者Ｂ）

○　弁護士であるが、弁護士業を営む傍ら、某大学大学院の夜
　間・博士課程において、修士及び博士の学位を取得すること
　を目標に、企業法学・科学を専攻し勉強しており、その授業
　料等の費用をＢ自身が支払っている。

　ところが、税務調査において、Ａの場合は是認されたが、Ｂ
の場合は、必要経費算入が否認された。

　　　　　　事業所得等の金額の計算上必要経費に算入する金額
　　　　　は、別段の定めがあるものを除き、その総収入金額に
　　　　　係る売上原価その他その総収入金額を得るため直接に
要した費用の額及びその年における販売費、一般管理費その他これ
らの所得を生ずべき業務について生じた費用の額とされています
（所法37①）。

　これらの費用の額を必要経費に算入するためには、①「売上原価その他その総収入金額を得るため直接に要した費用」については、その年分の収入金額と個別に対応していることが要件とされ、②「販売費、一般管理費その他これらの所得を生ずべき業務について生じた費用」については、その業務の遂行と関連し、かつ、業務の遂行上必要であることが要件とされています。

　また、その支出する金員が業務遂行上必要か否かの判断においては、単に個人事業主の主観的判断のみでなく、直接かつ通常必要なものとして客観的に必要経費として認識できるものでなければならないと解されています。

　資格取得費については、「業務を営む者又はその使用人（業務を営む者の親族でその業務に従事しているものを含む。）が当該業務の遂行に直接必要な技能又は知識の習得又は研修等を受けるために要する費用の額は、当該習得又は研修等のために通常必要とされるものに限り、必要経費に算入する。」とされています（所基通37-24）。

👤 Aさんのケース

　Aさんの場合、見習看護師が准看護師の資格をとることは、Aさんの業務の遂行上必要であると認められ、その資格はAさんの職務に直接関連し、また、その費用負担も、適当な額であるとして是認されたものです。

👤 Bさんのケース

　Bさんの場合、大学院の授業料等の費用は、業務の遂行に直接関係があり、かつ、通常必要な支出であるとまでは認められず必要経

費算入が否認され、家事費とされたものです。

 是否認の接点

　所得税基本通達37-24によれば、資格取得費や技術習得費は、①その資格又は技術が業務の遂行上必要であること、②その資格又は技術が業務を営む者又はその使用人（事業専従者が含まれます。）の職務に直接関連していること、③その費用負担が資格取得費用又は技術習得費用として適当な金額であること、の3つの要件を満たせば必要経費に算入できるといえます。

　そこで、Ａさんの場合は、病院事業の遂行上、看護師は必要であり、またその人が見習看護師から脱して准看護師の資格を取ることは、その職務に直接関連していることであり、さらに費用負担も適当であることから、上記①ないし③の要件を満たしていることになると判断され、その費用の必要経費算入が認められたものです。

　なお、Ａさんが負担した費用の額については、その准看護師に対する経済的利益の供与とみられなくもありませんが、所得税基本通達37-24の費用に該当する範囲のものであれば、その経済的価値は事業主に帰属するものであり、准看護師に対する利益の供与とまではみていない（給与所得としての課税対象としない）ものと考えられます（参考：平成元年3月10日付直法6-5ほか「事業主が従業員等の研修に要する費用を負担した場合における課税上の取扱いについて」（回答））。

　これに対して、Ｂさんの場合は、確かに専攻課程（企業法学・科学）が弁護士業務（企業法務等）に関連しているものとは認められますが、Ｂさんの業務遂行上直接関係があり、かつ、通常必要な支出であるとまではいうことができず、むしろＢさんが自己研さんのた

めに大学院に進んだものと認められ、このような認定事実から、大学院の授業料等は、事業所得を生ずべき業務について生じた費用ではなく家事費（所法45）と認定されたものです。

26

慰安旅行のための費用

調査事例

　青色申告をしている納税者Ａ、Ｂは、それぞれ次の慰安旅行のための費用を事業所得の金額の計算上必要経費に算入していた。なお、Ａ、Ｂとも、それぞれ妻を青色事業専従者としている。

（納税者Ａ）

○　飲食店を経営しており、使用人は通常８名位いる。

○　使用人８名、妻とともに１泊２日の国内旅行を行い、その旅行費用の額は、社会通念上相当と認められるものである。

（納税者Ｂ）

○　妻と２人で飲食店を経営しており、他に使用人はいないが、忙しいときには、知人に手伝ってもらう。

○　事業専従者である妻及び大学生の娘とともに１泊２日の国内旅行を行い、その旅行費用の額は、社会通念上相当と認められるものである。

　ところが、税務調査において、Ａの場合は必要経費算入が是認されたが、Ｂの場合は否認された。

解説

1　事業所得の金額の計算上必要経費に算入する金額については、前の事例（資格取得のための費用）の解説に記載したとおりですが、事業主が従業員等の慰

安旅行などの費用を負担した場合のその費用は「販売費・一般管理費等の費用」に該当することになりますので、その費用の額が「業務遂行と関連し、かつ、業務の遂行上直接・通常必要なもの」であれば、通常、その事業主の事業所得の金額の計算上必要経費に算入されることになります（所法37）。

2　ところで、その使用者（事業主）が負担する費用の額のうち使用人に係る部分については、使用者から使用人に対する経済的利益の供与と認められますので、その経済的利益の課税関係が問題となりますが、その使用人の給与所得の課税に当たっては、次のように取り扱うこととされています。

(1)　使用者（事業主）が使用人のレクリエーションのために社会通念上一般的に行われていると認められる会食、旅行、演芸会、運動会等の行事の費用を負担することにより、これらの使用人が受ける経済的利益については、原則として課税しなくて差し支えない（所基通36-30）。

　　ただし、不参加者（事業主の業務の必要に基づく不参加者を除く。）に対し参加に代えて金銭を支給する場合には、その行事に参加しないで金銭給付を受けることができることになるので、この場合には参加者、不参加者とも、その支給額に相当する給与の支給があったものとして取り扱われる（すなわち、その支給額は、事業主の必要経費（給料・賃金）になり、また、使用人の給与所得として源泉徴収の対象となる。）。

(2)　なお、レクリエーション旅行（海外旅行も含む。）の費用を使用者が負担したことにより受ける使用人の経済的利益については、その旅行の企画立案、主催者、旅行の目的・規模・行程、従業員等の参加割合、使用者及び参加従業員等の負担額及び負

担割合などを総合的に勘案して実態に即した処理を行うことに
なるが、①旅行期間が4泊5日（海外旅行の場合は、目的地におけ
る滞在日数）以内であること、②従業員等の参加割合が50％以
上であることのいずれの要件も満たしている場合には、原則と
して給与所得の課税（源泉徴収）をしなくとも差し支えない（昭
和63. 5 .25付直法 6 － 9 ほか通達）。

(注)　このレクリエーション旅行に係る取扱いは、あくまでも使用者主
　　催の新年会、忘年会やボウリング大会などの簡易なレクリエーショ
　　ン行事に対する取扱いの一環であり、使用者負担額（経済的利益の
　　額）が多額のものについてまで非課税となるものでないことに留意
　　する必要があります。

 ## Ａさんのケース

　Ａさんが負担した慰安旅行に係る費用については、その全額が福
利厚生費であると認められたため、必要経費算入が是認されたもの
です。

 ## Ｂさんのケース

　慰安旅行は、事業遂行に関連するものではなく、また、事業遂行
上直接必要なものとは認められないことから、Ｂさんが負担した旅
行費用は家事費と認定され、必要経費算入が否認されたものです。

 ## 是否認の接点

1　Ａさんの場合は、慰安旅行が事業遂行に関連し、かつ、事業遂
　行上直接必要なものであり、その額が通常必要な範囲内であるこ

Ⅳ
必要経費の金額の計算等

とから、使用人、事業専従者及び事業主に係る全ての旅行費用について福利厚生費と認定されたものです。

　なお、使用人に係る部分については、上記通達により、少額不追求の観点から、使用人に係る給与所得の課税（源泉徴収）をしなくとも差し支えないこととされたものです。

　また、事業専従者・妻に係る部分については、使用人と同様の取扱いとされたものですが、仮に、給与所得課税が行われる場合においては、青色事業専従者給与に関する手続要件等を満たしている範囲内での給与額が必要経費に算入され、それを超える部分については所得の処分（家事費）とされますので注意が必要です。

　そして事業主に係る部分については、その慰安旅行が事業遂行に関連し、かつ、事業遂行上直接必要なものであり、その額が通常必要な範囲内である、すなわち、旅行等に参加することが従業員の監督その他どうしても必要であり、その費用の額も通常必要な範囲内である、と認定されたものですが、仮に、家事費や家事関連費に属すると認められる部分がある場合には、その金額を除いて必要経費に算入することになります。

2　これに対して、Ｂさんの場合は、事業専従者である妻と大学生である娘を連れての家族だけでの慰安旅行であり、その旅行が事業遂行に関連したものとは認められず、また、事業遂行上直接必要な旅行とは認められないことから、家事費であると認定されたものです。

㉗

紛争を解決するための
弁護士報酬等（係争費用）

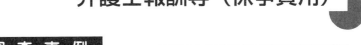

調 査 事 例

　納税者Ａ、Ｂは、それぞれ次の訴訟費用（弁護士報酬等）を支払い、不動産所得の金額の計算上必要経費に算入していた。

（納税者Ａ）

○　アパート経営を行っているが、アパートを建て替えるに当たって立退き要求をしたところ、入居者の一部が応ぜず、訴訟となった。

（納税者Ｂ）

○　過年分の不動産所得に係る所得税の課税処分について訴訟を提起した。

　ところが税務調査により、Ａの場合は是認されたが、Ｂの場合は必要経費算入が否認された。

　業務を営んでいる人が、業務の遂行上生じた紛争又は業務の用に供されている資産につき生じた紛争を解決するために弁護士報酬等のいわゆる係争費用を支出することがありますが、この支出した係争費用については、原則として、支出をした日の属する年分のその業務に係る所得の金額の計算上必要経費に算入することができます（所基通37-25）。

　ただし、次に掲げるような係争費用は、必要経費に算入されませ

ん。

(1)　その取得の時において既に紛争の生じている資産に係るその紛争又はその取得後紛争を生ずることが予想される資産につき生じたその紛争に係るもので、これらの資産の取得費とされるもの

(2)　山林又は譲渡所得の基因となる資産の譲渡に関する紛争に係るもの

(3)　所得税法第45条第１項《家事関連費等の必要経費不算入等》の規定により必要経費に算入されない同項第２号から第６号までに掲げる租税公課（所得税、住民税等）に関する紛争に係るもの

(4)　他人の権利を侵害したことによる損害賠償金（これに類するものを含む。）で、所得税法第45条第１項の規定により必要経費に算入されない同項第８号に掲げるもの（故意又は重過失によるもの）に関する紛争に係るもの

Ａさんのケース

　Ａさんの場合は、アパート経営という業務の遂行上生じた紛争を解決するために支出したものであり、不動産所得の必要経費として是認されたものです。

Ｂさんのケース

　Ｂさんの場合は、不動産所得に係る所得税の課税処分が訴訟の対象となっていますが、そもそも所得税は家事費とされ不動産所得の必要経費に算入されないことから、これについての訴訟費用も家事費とされたものです。

是否認の接点

　紛争を解決するために支出した弁護士報酬等のいわゆる係争費用が、その業務に係る所得金額の計算上必要経費に当たるかどうかは、紛争（訴訟）の対象が業務遂行上のものであること、また家事費にも該当しないことがポイントになります。

　Aさんの場合には、紛争（訴訟）の対象が入居者の立退きに関する事柄ですので、その係争費用は不動産所得の必要経費として認められたものです。

　なお、訴訟の対象が土地や家屋に関する事柄である場合には、その土地や家屋が業務の用に供されているときは、これに関する訴訟費用等はその業務用資産の維持・管理のために要した費用として、その業務に係る所得の金額の計算上必要経費とされますが、その土地や家屋が業務の用に供されていないときは、その訴訟費用等は家事費に該当することとなり、たとえ、他に不動産から生ずる所得があったとしても、その所得の金額の計算上必要経費として控除することはできません（所法45①一）。

　また、Bさんの場合のように、所得税そのものが家事費である以上、所得税の課税処分の是非を争うために要する費用も家事費に該当し、必要経費に算入することはできないことになります（所基通37－25(3)）。

（注）　所得税は、たとえ、その人が事業所得だけしかないとしても、その係争費用は事業の遂行に関して生じたものとみるのは適当ではなく、むしろ事業を行い、所得を稼得した結果として課されるもの、つまり、所得の処分（家事費）の一態様として理解すべきものとして考えられています。

交通事故で支払った損害賠償金

調査事例

　小売業を営むＡ、Ｂは、業務の遂行中、それぞれ次の交通事故を起こし、相手に損害賠償金を支払ったが、その金額を事業所得の金額の計算上、必要経費に算入していた。

（納税者Ａ）

○　貨物自動車で商品を運搬していた途中で、前を走っていた車が急に右折したため、ブレーキをかけたが間に合わず、追突し相手に負傷させてしまった。

（納税者Ｂ）

○　貨物自動車で商品を運搬していた途中で、携帯電話が鳴ったので手に取り通話していたところ、話に夢中になり、赤信号で停車していた前の車に追突し、相手に負傷させてしまった。

　ところが、税務調査において、Ａの場合は是認されたが、Ｂの場合は損害賠償金について必要経費算入が否認された。

解説

　業務を行う人が支払った損害賠償金（慰謝料、示談金、見舞金等の名目いかんを問わず、他人に与えた損害を補塡するために支出する一切の費用及びこれに関連する弁護士費用を含みます。）は、原則として必要経費に算入されますが、①家事上の損害賠償金、②業務に関連して故意又は重大な過失によって他人の権

利を侵害したことにより支払う損害賠償金は、必要経費に算入することはできません（所法45①八、所令98②、所基通45－6、45－7）。

　この場合、②の「重大な過失」があったかどうかは、その行為者の職業、地位、加害当時の周囲の状況、侵害した権利の内容や取締法規の有無などの具体的な事情を考慮して、行為者が払うべきであった注意義務の程度を判定したうえで、不注意の程度が著しいかどうかによって判定するものとされていますが、次に掲げるような場合には、特別な事情がない限り、それぞれの行為者に重大な過失があったものとして取り扱われます（所基通45－8）。

(1)　自動車等の運転者が無免許運転、高速度運転、酔払運転、信号無視その他道路交通法第4章第1節《運転者の義務》に定める義務に著しく違反することにより他人の権利を侵害した場合

(2)　雇用者が超過積載の指示、整備不良車両の運転指示その他道路交通法第4章第3節《使用者の義務》に定める義務に著しく違反することにより他人の権利を侵害した場合

(3)　劇薬又は爆発物等を他の薬品又は物品と誤認して販売したことにより他人の権利を侵害した場合

 ## Aさんのケース

　Aさんの場合は、前方不注意等の注意義務違反があったものの、前の車の急な右折によって生じたことなどから、「重大な過失」に当たらないと判断されたため、必要経費算入が認められたものです。

 ## Bさんのケース

　Bさんの場合は、携帯電話を使用した上での事故であり「重大な

Ⅳ

必要経費の金額の計算等

過失」に当たると判断されたため、必要経費算入が否認されたもの
です。

 是否認の接点

　業務に関連して損害賠償金を支払った場合、その行為に「重大な
過失」があったかどうかは、民事上の争いとして裁判上の判断が示
されている場合はそれに従うとしても、調停や和解、示談などで解
決された場合には、その判断は、困難を伴う場合が多いと考えられ
ます。

　そこで、所得税基本通達45−8は、この判定に当たっての一般的
な考え方及びその例示を掲げています。

　また、判例等においてこの「重大な過失」とは、ほとんど故意に
近い著しい注意欠如の状態をいうものとされています。

　これらに照らし合わせると、Ａさんの場合は、自動車運転者に課
される注意義務を怠った過失はあるものの、前方の車の急な右折も
その原因にあったことを考え合わせると「重大な過失」に当たると
は認められないと判断されたものです。

　これに対して、Ｂさんの場合は、所得税基本通達45−8(1)の道路
交通法第４章第１節《運転者の義務》違反（第71条《運転者の順守事項》
第５の５号＝自動車等運転中の無線通話装置の通話使用＝）に該当し、他
に何ら特別な事情も認められないために重大な過失があると判断さ
れ、損害賠償金の必要経費算入が否認されたものです。

29

賃貸借契約更新のために支払った更新料

調 査 事 例

　事業を営むA、Bは、それぞれ次のように店舗又は店舗の敷地を賃借していたが、更新時期を迎え、その際に支払った更新料を繰延資産として計上し、その償却費を事業所得の金額の計算上必要経費に算入していた。

（納税者A）

○　店舗を5年前から借りていたが、昨年、建物賃貸借契約を更新した。

（納税者B）

○　店舗の敷地を30年前から借りていたが、昨年、土地賃貸借契約を更新した。なお、当初の土地賃貸借契約に当たって、権利金等は支払っていない。

　ところが、税務調査において、Aの場合は是認されたが、Bの場合は必要経費算入が否認された。

1　資産を賃借するために支出する権利金、立退料その他の費用（更新料が含まれます。）で支出の効果が1年以上に及ぶものは、繰延資産になりますが、資産の取得に要した費用とされるもの及び前払費用は繰延資産から除かれます（所法2①二十、所令7①三ロ、所基通2-27(1)）。

2　建物を賃借するための権利金等は、繰延資産として経理し、そ
　の償却期間は、その支出した権利金等の内容によって、次の表に
　掲げる年数によることになります（所法50①、所令137①、所基通50
　－3）。

区　　分	償却期間
①　建物の新築に際しその所有者に対して支払った権利金等で、その権利金等の額がその建物の賃借部分の建設費の大部分に相当し、かつ、実際上その建物の存続期間中賃借できる状態にあると認められるものである場合	その建物の耐用年数の70％に相当する年数
②　建物の賃借に際して支払った①以外の権利金等で、契約、慣習等によってその明渡しに際して借家権として転売できることになっている場合	その建物の賃借後の見積残存耐用年数の70％に相当する年数
③　①及び②以外の権利金等である場合	5年。ただし、契約の賃借期間が5年未満であり、かつ、契約の更新をする場合に再び権利金等の支払を要することが明らかであるものについては、その賃借期間の年数

3　土地を賃借するために支出する権利金等は、借地権（地上権、
　土地の賃借権又はこれらの権利に関する土地の転借に係る権利をいいます。
　所令182①）の取得価額に算入されますので、繰延資産には該当し
　ないことになります。
　　なお、事業所得を生ずべき業務の用に供する借地権の存続期間
　を更新するために支出するいわゆる更新料についても、借地権の
　取得価額を構成するものと考えられていますから、その更新料の
　額を直ちに支出した年分の必要経費に算入することはできません

が、その借地権の取得費にその更新の時におけるその借地権の価額のうちにその更新料の額の占める割合を乗じて計算した金額に相当する金額は、その更新のあった日の属する年分の「その業務に係る所得の金額」の計算上、必要経費に算入することとされています（所令182①）。

これを算式で示しますと、次のとおりとなります。

$$\text{その更新直前の借地権の取得費} \times \frac{\text{更新料の額}}{\text{更新時の借地権の時価}} = \text{必要経費に算入される額}$$

Aさんのケース

Aさんの場合は、建物の賃貸借契約の更新料として支払っていますので、繰延資産としての処理が是認されたものです。

Bさんのケース

Bさんの場合は、当初の土地賃貸借契約の際に権利金等を支払っておらず、また、今回支払った更新料は土地に係るものですので、借地権の取得価額に算入されることとなり、繰延資産の処理が否認されたものです。

 是否認の接点

その更新料が繰延資産に該当するかどうかは、更新料が建物に係るものか、土地に係るものかによって区分されますので、Aさんの更新料は繰延資産とされ、Bさんの更新料は借地権の取得費とされたものです。

Ⅳ

必要経費の金額の計算等

　なお、土地の賃貸借に係る更新料の場合は、更新料を支払うことによって、これまでの借地権の取得費が目減りしますので、これに対応する金額は必要経費に算入されますが、Ｂさんの場合、当初契約において権利金を支払っておりませんので、結果的に必要経費に算入されるべき金額がなかったものです。

30

建物（店舗）の取壊費用と 土地の取得価額

調 査 事 例

　納税者Ａ、Ｂは、土地とともに建物（店舗）を取得して事業を開始したが、その後、建物を取り壊して新店舗を建築した。Ａ、Ｂは旧店舗の未償却残高（取得価額）及び取壊費用を事業所得の金額の計算上必要経費に算入していた。

（納税者Ａ）

○　土地、建物の取得日　　　令和元年９月３日

○　建物取壊日　　　　　　　令和３年３月25日

（納税者Ｂ）

○　土地、建物の取得日　　　令和２年８月20日

○　建物取壊日　　　　　　　令和３年３月25日

　ところが、税務調査において、Ａの場合は是認されたが、Ｂの場合は必要経費算入が否認された。

解説

1　建物（店舗）等の事業用固定資産の取壊し、除却、滅失（損壊による価値の減少を含みます。）その他の事由により生じた損失の金額は、保険金等により補てんされる部分の金額及び資産の譲渡により又は譲渡に関連して生じたものを除いて、事業所得等の金額の計算上必要経費に算入されます。この場合の「損失の金額」は、例えば、減価償却資産の場

合には、その取壊しなどの日現在の未償却残高から取壊しを行った直後のその資産の価額及び発生資材の価額の合計額を控除した金額とされています（所法51①、所令142、所基通51－2）。

　したがって、取壊し等を行うための費用がある場合のその取壊費用はこの「損失の金額」には含まれませんが、その取壊費用が、事業遂行に関連し、事業遂行上必要なものであれば、必要経費の一般規定である所得税法第37条の規定により事業所得等の金額の計算上必要経費に算入することになります。

2　ところで、自己の有する土地の上に存する借地人の建物等を取得した場合又は建物等の存する土地（借地権を含みます。）をその建物等とともに取得した場合において、その取得後おおむね1年以内にその建物等の取壊しに着手するなど、その取得が当初からその建物等を取り壊して土地を利用する目的であることが明らかであると認められるときは、その建物等の取得に要した金額及び取壊しに要した費用の額の合計額（発生資材がある場合には、その発生資材の価額を控除した残額）は、事業所得等の金額の計算上必要経費に算入するのではなく、その土地の取得価額に算入することになります（所基通38－1）。

Ａさんのケース

　Ａさんの場合は、土地と建物（店舗）の取得が土地と建物（店舗）両方の価値に着目して行われたもの（所基通38－1の要件に当たらないもの）と判断され、必要経費算入が是認されたものです。

Bさんのケース

　Bさんの場合は、当初から旧建物を取り壊す意図であったと認められたため、その旧建物の取得費及び取壊費用は、土地の取得費に算入されるべきもの（所基通38−1の要件に当たるもの）であるとして、必要経費算入が否認されたものです。

 ## 是否認の接点

　所得税基本通達38−1は、土地と建物を一緒に取得した場合に、その取得が当初からその建物等を取り壊して土地を利用する目的であることが明らかであると認められるときは、その建物の取得価額及び取壊費用は、すべてその土地の取得費に算入することを明らかにしているものです。

　Aさんの場合は、建物の取得後1年半経過した後の取壊しであり、特に、取得当初から取り壊す意図もそれを裏付ける客観的材料もなかったことから、その建物の取得価額及び取壊費用の金額の必要経費算入が認められたものです。

　これに対して、Bさんの場合は、建物の取得後7か月で取り壊しており、また、取得する前から、その土地の上にビルを新築すべく設計士に依頼して青写真を作成しているなどの幾つかの事実が判明したことから、当初から旧建物を取り壊す意図であったと認められたため、その建物の取得費及び取壊費用は、土地の取得費に算入されるべきものであるとして、必要経費算入が否認されたものです。

　なお、所得税基本通達38−1の形式的な要件としては、「取得後おおむね1年以内に建物の取壊しに着手しているかどうか」がポイ

Ⅳ

必要経費の金額の計算等

ントになりますが、1年を超えて取り壊した場合でも、当初から土地を利用する目的であることが明らかである場合には、必要経費算入が認められないことになります。

31

駐車場の新設に際して支出した
整地費用等

調 査 事 例

　A、Bは、それぞれ自己の所有する空地を駐車場として貸し付けることとし、その際、整地費用としてAは35万円、Bは100万円、また、アスファルト舗装の費用としてA、Bとも50万円の支出をした。

　整地、アスファルト舗装の工事終了後、駐車場の貸付けを開始した。

（納税者A）

○　整地費用35万円及びアスファルト舗装の費用50万円の合計額（85万円）を構築物（舗装路面）の取得価額とし、耐用年数10年として減価償却費を計算した。

（納税者B）

○　整地費用100万円をアスファルト舗装の費用50万円に加えて、その合計額（150万円）を構築物（舗装路面）の取得価額とし、耐用年数10年として減価償却費を計算した。

　ところが、税務調査において、Aの場合は是認されたが、Bの場合は、整地費用100万円は土地の取得価額に含めるよう指導を受けた。

土地を利用するために、土盛り、地ならし、埋め立て等に要した費用は、原則としてその土地の取得費に算入することとされていますが、専らその土地の上に建設する建物、構築物等の建設のために行う地盤強化等土地の改良のためのものでない工事に要した費用の額は、その建物、構築物等の取得費に算入することができることとされています（所基通38−10）。

Aさんのケース

　Aさんの場合は、整地費用35万円の工事内容が、単にアスファルト舗装路面を構築するための地ならし程度のものであることから、構築物（舗装路面）の取得費に算入する処理が是認されたものです。

Bさんのケース

　Bさんの場合は、整地費用100万円の工事内容が、傾斜している土地を平たんにした上で盛り土をしたもので、構築物（舗装路面）の建設のために土地の改良を行ったものと認められるものであることから、土地の取得費に算入するよう指導されものです。

是否認の接点

　Aさんの場合は、整地費用35万円は、アスファルト舗装路面を構築するための地ならし程度の工事内容に係る費用であることから、構築物の取得価額に算入する処理が是認されたものですが、Bさんの場合の整地費用100万円は、土地の改良のための工事に係る費用

であることから土地の取得費に含まれると判断されたものです。結局のところ、その工事の内容という事実関係を的確に把握して判断する必要があります。

賃貸用住宅の取壊しのための費用等

調 査 事 例

　不動産賃貸業を営むA、Bは、賃貸用住宅を取り壊して、その敷地に、新たな賃貸用住宅を建築した。A、Bは、賃貸用住宅の取壊しに際して支出をした費用を、不動産所得の金額の計算上必要経費に算入していた。

（納税者A）

○　新たな賃貸用住宅に建て替えるために賃貸用住宅を取り壊して、直ちに新賃貸用住宅を建築した。

（納税者B）

○　子供の居住用住宅を建築するために賃貸用住宅を取り壊して、直ちに新居宅を建築した。

　ところが、税務調査において、その取壊費用について、Aの場合は是認されたが、Bの場合は必要経費算入が否認された。

　業務用資産の取壊しや除却等の費用は、その取壊しや除却等により生じた損失（資産損失）の金額には含まれませんが（所法51①④）、業務遂行上生じた費用であれば、必要経費に算入することになります（所法37①）。ただし、その費用が業務遂行上必要であることについて客観性がない場合には、家事費として取り扱うこととされています。

Ａさんのケース

　Ａさんの場合は、新たな賃貸用住宅に建て替えるために賃貸用住宅を取り壊しており、その取壊費用は、不動産賃貸業務を営むための支出で、その業務上必要なものであると判断され、必要経費算入が是認されたものです。

 Ｂさんのケース

　Ｂさんの場合は、子供の居住用住宅を建築するために賃貸用住宅を取り壊していることから、その取壊費用が不動産賃貸業務を営むために必要であることについて客観的な事実が認められないため、その必要経費算入が否認されたものです。

 是否認の接点

　本件の建て替え前の業務用資産の取壊費用が不動産所得の金額の計算上必要経費に算入されるかどうかは、その取壊費用が業務に関連した支出で、業務遂行上必要なものであるかどうかにより判断されることから、その費用が業務遂行上必要であることについて客観的な事実が認められるかどうかがポイントになります。

　Ａさんの場合は、賃貸用住宅を取り壊し、直ちにその敷地に新たな賃貸用住宅を建築しておりますので、その取壊費用の必要経費算入が是認されたのですが、Ｂさんの場合は、賃貸用住宅を取り壊して直ちに非業務用の子供用住宅を建築されており、その取壊費用が業務遂行上必要であることについての客観性が認められないことから、その取壊費用の必要経費算入が否認されたわけです。

Ⅳ

必要経費の金額の計算等

119

　なお、取壊しの時における建て替え前の賃貸用住宅の未償却残高相当額については、Ａさん、Ｂさんとも、「資産損失の金額」として不動産所得の金額の計算上必要経費に算入することになります（所法51①④）。

33

資 本 的 支 出 と 修 繕 費

調 査 事 例

　納税者Ａ、Ｂは、それぞれ店舗の床や壁の損傷がひどくなっ
てきたことから、改修等工事を行い、その破損部分の修繕費と
して200万円を支出し、その全額を修繕費として必要経費に算
入していた。

　なお、店舗の取得価額等の金額は次のとおりである。

（納税者Ａ）

○　当初の取得価額　　　　　　　2,000万円
○　前年末までにした資本的支出　　500万円
○　前年末における未償却残高　　1,900万円

（納税者Ｂ）

○　当初の取得価額　　　　　　　1,600万円
○　前年末までにした資本的支出　　100万円
○　前年末における未償却残高　　1,400万円

　ところが、税務調査において、Ａの場合は是認されたが、Ｂ
の場合は修繕費としての必要経費算入は否認され資本的支出と
された。

1　業務用固定資産の修理、改良等に係る支出金額が
　ある場合には、その支出金額が資本的支出と修繕費
　のいずれに該当するかを区分する必要がありますが、

基本的には、それぞれ次のように取り扱うこととされています。

(1)　資本的支出（所令181、所基通37-10）……①その資産の使用可能期間を延長させる部分に対応する支出金額又は②その支出の時におけるその資産の価額を増加させる部分に対応する支出金額（①、②のいずれにも該当する場合には、いずれか多い金額）

(2)　修繕費（所基通37-11）……①業務用固定資産の通常の維持管理のため又は被災業務用固定資産の原状回復のために要した部分の支出金額や②建物の移えい・解体移築に要した費用の額など

2　しかし、実務上、上記の基準によって資本的支出か修繕費かの判定を行うことは困難を伴うことから、次のような形式基準によって修繕費と資本的支出を区分して確定申告を行っている場合には、それを認めることとされています。

(1)　一の修理、改良等のために支出した金額が20万円未満の場合、又はその修理・改良等がおおむね3年以内の期間を周期として行われることが明らかな場合において、その支出金額を修繕費（必要経費）としていること（所基通37-12）

(2)　一の修理、改良等のために支出した金額のうちに、資本的支出と修繕費の区分が明らかでない金額があり、その金額が60万円未満の場合、又はその金額がその修理・改良等に係る固定資産の前年12月31日における取得価額のおおむね10％相当額以下である場合において、その支出金額を修繕費（必要経費）としていること（所基通37-13）

(3)　一の修理、改良等のために支出した金額のうちに、資本的支出と修繕費の区分が明らかでない金額（上記(1)、(2)の適用があるものを除く。）がある場合において、継続して、その30％相当額

とその修理・改良等をした固定資産の前年12月31日における取得価額の10％相当額とのいずれか少ない金額を修繕費とし、残余の額を資本的支出の額としていること（所基通37−14）

Aさんのケース

Aさんの場合は、改修費として支出した金額が店舗の前年末取得価額の10％以下であるため、修繕費とする処理が認められたものです。

Bさんのケース

Bさんの場合は、改修費として支出した金額が店舗の前年末取得価額の10％を超えており、また、その支出の内容が資本的支出と判定されたため、必要経費算入が否認されたものです。

 是否認の接点

Aさん、Bさんともに、それぞれの改修費が資本的支出と修繕費のいずれに該当するか明らかでないため、形式基準（上記解説の2の(2)、所基通37−13）により判定したことについては誤りがありませんでしたが、その際の「前年12月31日における取得価額」(注)について、Aさんは店舗の当初の取得価額と前年末までにした資本的支出の額の合計額とし、Bさんは店舗の当初の取得価額と前年末における未償却残高との合計額を基準としたのではないかと思われます。

したがって、事例の支出金額（200万円）については、Aさんの場合は（2,000万円＋500万円）×10％＝250万円＞200万円　と10％相

当額以下となることから修繕費処理が是認されたのですが、Ｂさん
の場合は（1,600万円＋100万円）×10％＝170万円＜200万円　とな
り、10％相当額を超えることから形式基準による修繕費処理が否認
され、その支出金額が修繕費と資本的支出のいずれかに当たるかに
ついて、その工事内容等からみて認定されたものです。

（注）　所得税基本通達の形式基準の判定における「前年12月31日における取得
　　　価額」とは、前年12月31日に有する固定資産の原始取得価額に過去にその
　　　資産について支出された資本的支出の額（所得税法施行令第127条第4項
　　　に規定する追加償却資産の取得価額）を加算し、その一部について除去が
　　　あったときは、その除去価額に対応する取得価額を控除した金額をいいま
　　　す（所基通37－13注書）。

34 消費税の経理方式と減価償却資産の取得価額

調　査　事　例

　小売業を営む青色申告者Ａ、Ｂは、それぞれ次の商品陳列棚を購入し、少額減価償却資産の取得価額の必要経費算入の特例（措法28の２）を適用して、その購入代価を必要経費に算入して確定申告書を提出した。

（納税者Ａ）

○　商品陳列棚　　本体　290,000円、消費税　29,000円、
　　　　　　　　　合計　319,000円

（消費税等の経理処理は、<u>税抜</u>経理方式を適用することとなる。）

（納税者Ｂ）

○　商品陳列棚　　本体　290,000円、消費税　29,000円、
　　　　　　　　　合計　319,000円

（消費税等の経理処理は、<u>税込</u>経理方式を適用することとなる。）

　ところが、税務調査において、Ａの場合は是認されたが、Ｂの場合は必要経費算入が一部否認された。

1　減価償却資産の取得価額は、原則としてその資産の耐用年数の期間に配分して必要経費に算入することとされていますが、次の減価償却資産の取得価額はそれぞれ次によることとされています。

⑴　新たに業務の用に供した減価償却資産で、使用可能期間が1年未満であるもの又は取得価額が10万円未満であるもの（「少額の減価償却資産」といい、一定のリース資産を除く。）については、事務の簡素化の観点から、償却計算を行わず一時に必要経費に算入する（所令138）。

⑵　減価償却資産の取得価額が10万円以上20万円未満のもの（「一括償却資産」といい、一定のリース資産を除く。）については、その取得価額の合計額をその業務の用に供した年以後3年間の各年分の必要経費（それぞれ3分の1の金額）に算入することができる（所令139）。

⑶　一定の中小企業者に該当する青色申告者が取得価額10万円以上30万円未満の減価償却資産（「少額減価償却資産」といい、一括償却資産及び一定のリース資産を除く。）を取得し、事業の用に使用した場合には、一定の要件の下、その事業の用に供したときにその取得価額を必要経費に算入することができる（措法28の2）。

2　このように減価償却資産を取得した場合には、その取得価額の多寡によって取扱いが異なることとされていますので、その判断の基となる「取得価額」を消費税込みでみるか否かが問題となりますが、事業者が消費税について税抜経理方式を適用することとなる場合には消費税を含まないで「取得価額」を判断し、税込経理方式を適用することとなる場合には消費税を含めて「取得価額」を判断することとされています（平成元.3.29直所3-8「9」）。

　つまり、「少額の減価償却資産」、「一括償却資産」や「少額減価償却資産」の取得価額については、事業者が適用することとなる消費税の経理方式によって、それぞれ「消費税込みの価額」又は「消費税抜きの価額」によることとされています。

Ａさんのケース

　Ａさんの場合は、税抜経理方式を適用することとなるため、商品陳列棚の取得価額は税抜価額290,000円となり、少額減価償却資産（措法28の2）に該当し、必要経費算入が認められたものです。

Ｂさんのケース

　Ｂさんの場合は、税込経理方式を適用することとなるため、商品陳列棚の取得価額は税込価額319,000円となり、少額減価償却資産（措法28の2）に該当せず「減価償却資産」として経理することとなるため、必要経費算入が一部否認されたものです。

 是否認の接点

　個人事業者は、その取引に係る消費税の経理処理については、税抜経理方式か税込経理方式のいずれかを適用することとなりますが、その適用することとなる経理方式は、原則として、通常の売上、仕入、経費の支出の取引だけでなく、業務用固定資産の取得や売却等全ての取引に適用することとなります（ただし、売上につき「税抜」で経理をしている場合には、固定資産等については「税込」にできる等の例外的な取扱いもあります。）。

Ⅳ

必要経費の金額の計算等

127

　本件の場合は、少額減価償却資産（措法28の2）に該当するか否かの基準である30万円の取得価額について、①Ａさんの場合は、「税抜経理方式」を適用することとなることから、税抜金額（290,000円）によって、また、②Ｂさんの場合は「税込経理方式」を適用することとなることから、税込金額（319,000円）によって判定されたものです。

35

鉄筋コンクリート造の中古アパート 建物の減価償却費の計算

調査事例

A、Bは、それぞれアパート経営をしており、次の賃貸用建物1棟（16世帯入居できるもの）を所有している。

○　構造…………鉄筋コンクリート造

○　取得年月……平成18年1月建築のものを令和4年1月に取得

○　取得価額……124百万円

（納税者A）

○　取得価額124百万円について、購入した際の資料に基づき、建物、建物附属設備（電気設備、給排水設備、衛生設備、ガス設備など）及び構築物（緑化設備、庭園、舗装路面など）のそれぞれの取得価額を算出し、それぞれの中古資産の耐用年数を基に計算した減価償却費を必要経費に算入して確定申告書を提出した。

（納税者B）

○　取得価額124百万円の全額を建物の取得価額として、中古資産の耐用年数を基に計算した減価償却費を必要経費に算入して確定申告書を提出した。

ところが、税務調査において、Aの場合は是認されたが、Bの場合は減価償却費の計算を是正するよう指導を受けた。

129

1　不動産所得の金額の計算上必要経費に算入される
減価償却費の計算は、減価償却資産の耐用年数等に
関する省令（以下「耐用年数省令」といいます。）に定め
る耐用年数を使用して行うこととされていますが、機械及び装置
以外の有形減価償却資産の耐用年数は、別表第一に定めるところ
により行うことになります（耐用年数省令1①）。

2　そうすると、本件「鉄筋コンクリート造のアパート」について
は、例えば、建物、建物附属設備、器具及び備品というように、
その別表第一に掲げられた種類等に区分して減価償却費の計算を
行うことになります。

3　なお、木造、合成樹脂造又は木骨モルタル造の建物の附属設備
については、建物と一括して建物の耐用年数を適用することがで
きることとして取り扱われています（耐用年数通達2－2－1）。

Ａさんのケース

Ａさんの場合は、本件建物が「鉄筋コンクリート造」であること
から、建物、建物付属設備及び構築物に区分して、それぞれの中古
資産の耐用年数を適用して計算した減価償却費の必要経費算入が是
認されてものです。

Ｂさんのケース

Ｂさんの場合は、建物、建物付属設備、構築物等の区分により、
それぞれの中古資産に係る耐用年数を適用して減価償却費の計算を
するよう是正指導を受けたものです。

是否認の接点

　特に、中古資産である鉄筋コンクリート造のアパートやマンションを購入し、賃貸の用に供した場合において、その購入価額につき、耐用年数省令の別表第一に定める資産の区分ごとの内訳が明らかでないことなどから、Bさんのような税務処理のケースが想定されますが、そのような場合においても、Aさんのような処理を行う必要があります。

　なお、その中古資産が木造建物等である場合には、建物と建物付属設備は一括して建物の耐用年数を適用することができますが、その場合でも、構築物や器具・備品などは区分して、それぞれの耐用年数を適用することになります。

Ⅳ

必要経費の金額の計算等

36

相続により取得した減価償却資産の
　　　　取得価額、償却方法等

調 査 事 例

　納税者Ａ、Ｂは、令和４年８月、それぞれ不動産賃貸業を営んでいた父が亡くなったため、それぞれ相続人であるＡ、Ｂが相続財産であるアパートを取得した。なお、いずれも、限定承認はしていない。

　Ａ、Ｂとも、令和４年分の所得税等の確定申告書は、相続後の不動産所得の金額を計算し、アパートの減価償却費については、それぞれ次により計算して、期限内に提出した。

（納税者Ａ）

○　アパートの取得価額及び耐用年数は、父の準確定申告書の決算書に記載してある取得価額及び耐用年数を用いて、定額法により減価償却費を計算した。

（納税者Ｂ）

○　アパートの取得価額は、父の準確定申告書の決算書に記載してある取得価額を用いたが、耐用年数は、中古資産の見積耐用年数を算出して、定額法により減価償却費を計算した。

　ところが、税務調査において、Ａは是認されたが、Ｂは、減価償却の耐用年数について、被相続人・父が用いていた耐用年数によるよう指導された。

相続（限定承認に係るものを除きます。以下この「解説」において同じ。）によって取得した減価償却資産の取得価額は、その減価償却資産を取得した者が引き続き所有していたものとみなした場合におけるその減価償却資産の取得価額に相当する金額とすることとされています（所法49、所令126②）。

　また、その取得した減価償却資産を譲渡した場合における譲渡所得等の金額の計算については、その取得をした者が引き続きその減価償却資産を所有していたものとみなすこととされています（所法60①）。

　したがって、相続によって取得した減価償却資産の償却費の計算に当たっては、被相続人から取得価額、耐用年数、経過年数及び未償却残高を引き継いでその計算をすることになります。

　なお、被相続人が選択していた償却方法を引き継ぐことはできませんので、平成19年4月1日以後相続により取得した建物の場合は定額法により償却することになります（所令120の2①一、所基通49－1）。

 Aさんのケース

　Aさんの場合は、アパートの取得価額及び耐用年数は被相続人から引き継いで減価償却費を計算しており、また、償却方法は定額法により計算しているので、その申告が是認されたものです。

 Bさんのケース

　Bさんの場合は、アパートの取得価額は被相続人から引き継いでいるものの耐用年数は引き継がず減価償却費を計算しているため、

減価償却の耐用年数について、被相続人・父が用いていた耐用年数によるよう指導されたものです。

 是否認の接点

相続（限定承認に係るものを除きます。）によって取得した減価償却資産の償却費の計算に当たっては、被相続人から取得価額、耐用年数、経過年数及び未償却残高を引き継いでその計算をすることになります。

また、平成19年4月1日以後相続により取得した建物の場合は定額法により償却することになります。

Aさん、Bさんとも相続について限定承認はしていないところ、Aさんはこれに従った計算をしていたが、Bさんはこれに従った計算をしていなかったため指導されたものです。

なお、相続人が相続において限定承認をしたため、被相続人に「みなし譲渡」の規定が適用された場合には、取得価額の引継ぎはなく、相続時の時価が減価償却資産の取得価額となり（所法59①、所令126①五）、この場合は、中古資産を取得した場合と同様に、使用可能期間を合理的に見積もった年数若しくは簡便法により計算した年数を耐用年数とすることができます（耐令3）。

土地付きで購入した建物の取得価額

調査事例

　不動産所得者Ａ、Ｂは、それぞれ、競売により賃貸用のマンション１室を購入したが、その購入価額について、土地と建物の取得価額を次のように区分して、その計算した建物の取得価額を基に減価償却費を計算して確定申告書を提出した。

（納税者Ａ）

○　競売での購入価額を基に、その物件の固定資産税の課税価額の土地分と建物分の比によって計算して、それぞれ土地と建物の取得価額とした。

（納税者Ｂ）

○　購入したマンションの敷地に係る相続税の路線価を基に計算した価額を土地部分の取得価額とし、建物部分の取得価額は、競売での購入価額から土地の取得価額を控除した残額とした。

　ところが、税務調査において、Ａの場合は是認されたが、Ｂの場合は建物の取得価額を是正するよう指導された。

1　減価償却資産を購入した場合の取得価額は、その資産の購入の代価とその資産を業務の用に供するために直接要した費用の額の合計額とされています（所令126①一）。

　したがって、土地付きで建物を一括購入し、土地と建物の取得価額が区分されていない場合には、土地分と建物（減価償却資産）分とに合理的に区分する必要があります。

　なお、売買価額に消費税等が表示されている場合には、土地の譲渡については消費税等が課税されないことから、〔（消費税等の額÷10％）＋消費税等の額＝消費税等込みの建物価額〕とする方法が合理的と考えられます。

2　しかし、例えば取引の相手方が消費税課税事業者でない場合や事例の競売のような場合は、売買価額に消費税等の額が表示されませんので、そのような場合には、売買価額の総額を何らかの合理的な方法で土地と建物に区分して、減価償却資産たる建物の取得価額を算定しなければならないこととなります。

　この場合の合理的な区分の方法としては、①その物件に類似するものの売買実例を参考に算出する方法、②公的な評価基準（相続税評価額、固定資産税評価額、公示価額など）を参考に算出する方法などが考えられます。

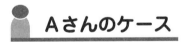

Aさんのケース

　Aさんの場合は、固定資産税の課税価額の土地分と建物分の比によって計算する方法が合理的であるとして是認されたものです。

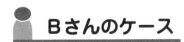

Bさんのケース

　Bさんの場合は、土地の価額を路線価により算出し、全体の購入価額との差額を建物の取得価額とする方法が適当でないとして否認されたものです。

是否認の接点

1　土地と建物を一括取得した場合のそれぞれの価額を算出する合理的な方法としては上記の方法などが考えられますが、具体的に計算する際には、①土地又は建物の一方を実額で算定し、総額からその実額を差し引いて他方の取得価額を算出する方法（以下「差引法」といいます。）と、②売買実例や公的な評価基準額等を基にその土地と建物の比を算出し、総額にその比を乗じてそれぞれの取得価額を算出する方法（以下「按分法」といいます。）のいずれかによることになると思われます。

2　いずれにしても、マンションの売買取引は土地と建物が不可分一体となってなされるのが一般的であり、例えばその取引の総額が通常の価額より著しく高額又は低額で売買された場合には、差引法では一方の価額が実態から著しくかけ離れた価額となってしまうケースが発生しかねませんが、按分法ではそのようなケースを免れることができることになります。

3　このようなことから、Ａさんの場合は、固定資産税の課税価額を基に按分法で計算する方法が合理的で、その結果が実態に合致しているとして是認されたのですが、Ｂさんの場合は、差引法によっており、合理的な方法とは認められず、その結果が実態に合致していないとして是正の指導を受けたものと思われます。

Ⅳ

必要経費の金額の計算等

土地取得に係る借入金の支払利子

調 査 事 例

　医業を営むＡ、Ｂは、それぞれ分院を建設するための土地の取得資金を銀行から借り入れ、その借入金利子を事業所得の金額の計算上必要経費に算入していた。

　なお、調査日現在における土地の利用状況等は次のとおりであった。

（納税者Ａ）

○　建物建設のための工事に着手済み

（納税者Ｂ）

○　空地のままの状態

　ところが、税務調査により、Ａの場合は是認されたが、Ｂの場合は必要経費算入が否認された。

　業務を営んでいる人が借入金により業務用資産を取得した場合の支払利子については、その利子の計算期間のうちその年の業務期間に対応する部分の金額は、事業所得等の金額の計算上必要経費に算入されます（所基通37－27）。

　ただし、その資産の使用開始の日までの期間に対応する部分の金額については、必要経費に算入するかその資産の取得価額に算入するかを選択することができます（所基通37－27ただし書）。

　なお、業務を営んでいない人が、業務用とすることを予定する資

産をその業務を開始する前に借入金によって取得した場合は、その取得の時から業務開始前の期間に対応する部分の金額は、その資産の取得価額に算入されます（所基通37‐27注書）。

　また、借入金により業務用資産以外の資産を取得した場合の支払利子については、その資産は業務用として使用されていませんので、事業所得等の必要経費に算入されることはなく、一般的には「家事費（所法45①一）」となりますが、その業務用資産以外の資産の取得の時から使用前（遊休）の期間に対応する部分の金額は、その資産の取得価額に算入されます（所基通38‐8）。

　以上の取扱いを整理すると、次のようになります。

区　　分			取　扱　い
借入金利子	業務用の固定資産の取得のためのもの	業務開始後	使用後（所基通37‐27）	必要経費算入
			使用前（所基通37‐27ただし書）	必要経費算入と取得価額算入のいずれかを選択
		業務開始前（所基通37‐27注書）		取得価額算入
	上記以外の固定資産の取得のためのもの	使用前（所基通38‐8）		
		使用後		家事費

Ⅳ　必要経費の金額の計算等

Aさんのケース

　Aさんは、医業を営んでいる人であり、建物（分院）の建設に着手している事実があることなどから、所得税基本通達37‐27ただし書に該当するため、借入金利子の必要経費算入が是認されたものです。

Bさんのケース

　Bさんは、医業を営んでおり、分院建築のための土地の取得と主張するものの、空地のまま未利用の状態であり、分院の具体的な建設計画についても明らかとなっていないことから、その土地は業務（事業）用のものとは認められず、借入金利子の必要経費算入が否認されたものです。

 是否認の接点

　借入金により資産を取得した場合の支払利子の取扱いについては、まず、その取得資産が業務（事業）用の資産に当たるかどうかがポイントとなります。特に、取得資産が土地である場合には、土地は事業用、家事用のいずれにも使用・活用できるものであること、また更地のまま譲渡することができるものであることから、その取得した資産が業務（事業）用資産であるかどうかの事実認定が問題となります。

　その取得資産が業務（事業）用資産であるかどうかの判断に当たっては、単に所有目的や主観的意思において業務（事業）の用に供される資産であるということだけではなく、事業所得等以外の所得の基因となる資産として利用しないこと、ないし家事用として利用しないなど、家事用資産ではないと明確に区別し得る程度に業務（事業）の用に供されているものと判断できる事実を明らかにする必要があると考えられ、また、他に明らかに業務（事業）の用に供されるものと推認し得る特段の事情があるかという観点に立って判断できる事実を明らかにする必要があるものと考えられます。

　Aさんの場合は、土地の取得後、短期間のうち、建物の建設に着手している事実から、借入金に係る支払利子の必要経費算入が認められたものです。

　これに対して、Bさんの場合は、いくら分院の建設目的のために土地を取得したと主張しても、建物の建設に着手しておらず、具体的な着工計画も明らかでないことから、業務（事業）用の資産に当たらないと判断されたものです。

39

事業用資金に係る借入金の支払利子

調 査 事 例

　不動産所得者Ａ、Ｂは、銀行から10億円の資金を借り入れ、6億円を賃貸用不動産の取得に充て、残りの4億円を定期預金にしたまま年末を迎えた。

　Ａ、Ｂは、10億円の借入金に係る利子を全額必要経費に算入していた。

（納税者Ａ）

○　不動産貸付業拡張の具体的計画案に基づいて10億円の資金を借り入れ、4億円の定期預金についても、翌年以降これを逐次取り崩し、新たな賃貸用不動産の取得資金に充てた。

（納税者Ｂ）

○　当初予定していた10億円の物件より条件の良い物件が6億円で入手できたため、残金の4億円についても賃貸用不動産の取得に充てようと思い暫く預金していたが、適当な物件が見つからなかったので、その後、銀行に返済した。

　ところが、税務調査において、Ａの場合は是認されたが、Ｂの場合は必要経費算入が一部否認された。

　不動産所得を生ずべき業務を営んでいる人が借入金により賃貸用の不動産を取得した場合の支払利子については、その元本たる借入金がその業務目的と関連性

を有し、また、業務遂行上必要と認められるもので、その利子の計算期間のうちその年に属する期間に対応する部分の金額が不動産所得の金額の計算上必要経費に算入されます（所法37、所基通37－27）。

Ａさんのケース

　Ａさんの場合は、不動産貸付業拡張の具体的計画案に基づいて、４億円の定期預金を逐次取り崩し、新たな賃貸用不動産を買い増していることから、４億円の定期預金は、余裕資金をただ漫然と保有することなく、より効率的に運用しただけで、その預金も事業用資金と判断され、４億円の借入金に係る利子についても必要経費算入が是認されたものです。

Ｂさんのケース

　Ｂさんの場合は、賃貸用不動産の取得後の残金４億円について、賃貸用不動産の取得に充てようと思っていたという主観的理由だけで具体的な不動産貸付業拡張の計画案もないことから、賃貸用不動産の取得後の残金４億円については事業用資金とは認められず、その支払利子について必要経費算入が否認されたものです。

 是否認の接点

　不動産賃貸業を営む人の不動産所得の金額の計算上、借入金により賃貸用不動産を取得した場合の支払利子について必要経費に算入されるかどうかについては、その元本たる借入金がその不動産賃貸業に関連し、かつ、賃貸業遂行上必要なものであることが要件とさ

れます。

　具体的には、借入金による賃貸用不動産の取得後の残金がある場合、その残金が事業用資金で、定期預金にしたことが資金の効率的運用であることが客観的にみて明らかかどうかがポイントになり、次の点が問題になると思われます。

(1)　具体的な計画に基づいて資金が調達され、かつ、資産の取得に先行して資金調達されたことについて合理的な理由があること

(2)　調達した資金を目的以外（定期預金等）に利用したことが、計画遂行上一時的に発生した余裕資金をただ漫然と保有することなく、より効率的に運用するためのものであると認められること

事業用の貸金等の貸倒れによる損失

調 査 事 例

　納税者Ａ、Ｂは、それぞれ次の金員の回収が不能になったため、事業所得の金額の計算上、貸倒損失として必要経費に算入していた。

（納税者Ａ）

○　税理士業を営んでいる。関与先が資金難に陥り、顧問料の一部が未収となっていたが、倒産したため未収金が貸倒れとなった。

（納税者Ｂ）

○　中小企業診断士として経営コンサルタント業を営んでいる。関与先の会社が資金難に陥り、社長に頼まれたため、資金を貸し付けたが、暫くして倒産し、貸付金が貸倒れとなった。

　なお、関与先に対する資金の貸付けは今回が初めてであり、他にはない。

　ところが、税務調査において、Ａの場合は是認されたが、Ｂの場合は必要経費算入が否認された。

 解説　不動産所得、事業所得又は山林所得を生ずべき事業について、その事業の遂行上生じた売掛金、貸付金等その他これらに準ずる債権が貸倒れ等によって損失が生じた場合には、その損失の金額をその損失が生じた日の属する年

分の必要経費に算入します（所法51②）。

　この規定の対象となる債権の範囲は、販売業者の売掛金、金融業者の貸付金及びその未収利子、製造業者の下請業者に対して有する前渡金、工事請負業者の工事未収金、自由職業者の役務の提供の対価に係る未収金、不動産貸付業者の未収賃貸料、山林経営者の山林売却代金の未収金等のほか、次に掲げるようなものが含まれます（所基通51-10）。

(1)　自己の事業用資金の融資を受ける手段として他から受取手形を取得し、その見合いとして借入金を計上し、又は支払手形を振り出している場合のその受取手形に係る債権

(2)　自己の製品の販売強化、企業合理化等のため、特約店、下請先等に貸し付けている貸付金

(3)　事業上の取引のため、又は事業の用に供する建物等の賃借のために差し入れた保証金、敷金、預け金等の債権

(4)　使用人に対する貸付金又は前払給料、概算払旅費等

Aさんのケース

　Aさんの場合は、関与先に対する未収債権であり、税理士業本来の業務から生じた顧問料の貸倒れであるため、必要経費算入が是認されたものです。

Bさんのケース

　Bさんの場合は、関与先に対する貸付金債権であり、中小企業診断士又は経営コンサルタントとしての業務の遂行上生じたものと認められないと考えられるため、必要経費算入が否認されたものです。

是否認の接点

　事業所得等の金額を計算する上で、貸倒損失として必要経費に算入できるものは、その事業の遂行上生じた売掛金、貸付金、前渡金その他これに準ずる債権など（以下「貸金等」といいます。）の貸倒れによる損失に限られています（所法51②、所令141、所基通51−10）。

　したがって、貸倒損失が発生した場合には、まず、その貸金等が「事業の遂行上生じたもの」かどうかを検討する必要がありますが、「事業の遂行上生じた貸金等」とは、その事業遂行の範囲に属する事由によって生じた貸金等と解され、この事業遂行の範囲に属するかどうかは、その事業の遂行上通常生ずるかどうかによって判断すべきものと思われます。

　Ａさんの場合は、顧問料収入は税理士業務の根幹をなす本来の収入ですので、本件の未収金は、当然にその事業の遂行上生じた貸金等に含まれます。

　これに対して、Ｂさんの場合は、経営コンサルタントないし中小企業診断士の業務の範囲が問題となりますが、①経営コンサルタントの業務の範囲は社外の専門家としての立場で経営の各分野についての診断、指導、助言等を行うことであり、また、②中小企業診断士の業務の範囲も、専門家として、公正な第三者の立場から経営に関する相談に応じ、経営顧問の職務を担当するなど経営についての判断を行うとともに、経営改善のための方法等を指導し、参考意見を述べ、勧告を行うにとどまるものです。また、貸付金は本件のみとのことです。

　このようなことから、Ｂさんの貸付金は、Ｂさんが中小企業診断士又は経営コンサルタントとして経営の診断をしたことをきっかけ

IV

必要経費の金額の計算等

としてその会社に資金を貸し付けたとしても、その業務の範囲に属さないものであり、「事業の遂行上生じた貸金等」には当たらないと判断されたものです。

41

貸付金の未収利息に係る
回収不能額の処理

調 査 事 例

　納税者Ａ、Ｂは、それぞれ平成30年分所得税の確定申告に当たって、貸付金の未収利息をＡは雑所得、Ｂは事業所得の総収入金額に算入して申告していたが、その未収利息の回収不能額が令和４年６月１日に確定したことから、同年７月10日に所轄税務署長にあてて、所得税法第152条第１項の更正請求書を提出した。

（納税者Ａ）

○　サラリーマンであるが、友人が経営する甲社に対して資金を貸し付けて、平成30年分の利息が未収となっていたが、回収不能となってしまった。

（納税者Ｂ）

○　貸金業を営んでおり、取引先乙社に対し平成30年分未収利息があったが、回収不能となってしまった。

　Ａの場合は是認（更正の請求が認容）されたが、Ｂの場合は更正の請求は否認（更正すべき理由のない旨の通知）された。

1　事業所得、不動産所得（事業的規模の場合の不動産所得）又は山林所得（以下「事業所得等」といいます。）を生ずべき事業について、その事業の遂行上生じた売

149

掛金、貸付金、前渡金等の債権が回収不能となった場合（一定の要件を満たすことが必要です。）には、貸倒損失として、その損失の生じた日の年分の必要経費に算入されます（所法51②）。

2 これに対して、事業所得等以外の所得（例えば、雑所得等）の場合には、その所得計算の基礎とされた収入金額の全部又は一部について回収不能となったときには、その収入金額が生じた年分の所得の計算上、その回収不能となった一定の金額がなかったものとみなされることとされています（所法64①）。

なお、この確定申告をした年分の所得金額を是正する手続は、一般の更正の請求は確定申告期限から5年以内（平成22年分以前は1年以内）に限り行うことができる（通法23①）こととされていますが、その後に回収不能となったことが確定した場合には、その確定した日の翌日から2か月以内に税務署長に対して更正請求書を提出することになります（所法152①）。

また、不動産所得（事業的規模に至らない場合。以下同じ。）若しくは雑所得を生ずべき業務の用に供され、又は不動産所得若しくは雑所得の基因となる資産の損失の金額は、その損失の生じた年分の不動産所得若しくは雑所得の金額を限度として必要経費に算入されることとされていますので、例えば、回収不能となった貸付金元本は、「資産の損失の金額」としてその回収不能となった年の雑所得の金額の範囲内で必要経費に算入されることになります（所法51④）。

Ａさんのケース

　回収不能となった未収利息が生じた平成30年分の雑所得の収入金額がないものとされるために、回収不能となった日から２か月以内の更正の請求が是認（認容）されたものです。

 # Ｂさんのケース

　回収不能となったことが確定した令和４年分の必要経費とされるために、更正の請求は認められないものとして否認（更正すべき理由のない旨の通知）されたものです。

 是否認の接点

　Ａさんの場合は、貸金業を営んでいるわけではなく、その利息は雑所得とされますが、その未収入となっていた利息が回収不能となった場合には、その雑所得を申告した平成30年分に遡って所得を減額する（なかったものとして計算し直す）こととなり、その事実が生じた日の翌日から２か月以内に更正の請求の手続をとり、認容されたものです。

　なお、元本たる貸付金の貸倒損失の額については、貸倒れとなった事実の生じた日の属する令和４年分の雑所得の金額を限度に必要経費に算入することになります。

　これに対して、Ｂさんの場合は貸金業を営んでおり、その貸金の利息は各年の事業所得の収入金額とされ、回収不能となった未収金については、その回収不能となった年分の事業所得の金額の計算上必要経費（貸倒損失）とされるために、さかのぼって、所得を是正

する必要はないことになりますので、更正すべき理由のない旨の通知処分がされたものです。

　なお、元本の貸倒損失については、貸倒れとなった事実の生じた日の属する年分の事業所得の金額の計算上必要経費に算入することになります。

42

保証債務の履行による損失

調査事例

　納税者Ａ、Ｂは、それぞれ次の事由により自己が有していた土地を譲渡し、その譲渡所得について、所得税法第64条第２項（保証債務の履行の場合の譲渡所得の課税の特例）の規定を適用して確定申告書を提出した。

（納税者Ａ）

○　Ａが経営する甲社は、数年前、運転資金が不足したため、Ａ個人の土地を担保として資金を借り入れた。その後、業績も回復し、借入金の返済も行っていたが、経済状況の急激な変化について行けず、昨年、業績が悪化し倒産してしまった。

○　Ａは、担保に提供していた土地を譲渡し、甲社の債務を弁済した。

（納税者Ｂ）

○　Ｂの兄が経営する乙社は、数年前から運転資金不足のため、債務超過の状態が続き、繰越赤字を抱えていて、そのままでは倒産しかねない状況であり、乙社独自では融資が受けられなかった。

○　乙社はこのような状況にあったが、かねて世話になっている兄からの頼みであることから、Ｂ所有の土地を担保に提供することにより、乙社は銀行から融資を受けることができた。

　しかし、その甲斐もなく、乙社は昨年倒産してしまったため、Ｂは担保に提供していた土地を譲渡し、乙社の債務を弁

済した。

　ところが、税務調査において、Ａの場合は是認されたが、Ｂの場合は所得税法第64条第２項（保証債務の履行の場合の譲渡所得の課税の特例）の適用が否認された。

　1　保証債務を履行するために資産を譲渡した場合において、その履行に伴う求償権の行使が不能となったときには、その求償権の行使が不能となった部分の金額を資産の譲渡代金の回収不能額等の金額とみなして所得金額の計算を行うことになりますので、その求償権の行使不能額は、譲渡所得の金額の計算上、なかったものとみなされます（所法64②）。

2　この「保証債務の履行があった場合」は、保証人の債務（民法446《保証人の責任等》）や連帯保証人の債務（民法454《連帯保証の場合の特則》）の履行があった場合をいいますが、不可分債務の債務者の債務の履行や連帯債務者の債務の履行があった場合など一定の場合で、その債務の履行等に伴う求償権が生ずるときも含まれます（所基通64-4）。

3　「求償権の行使が不能となった」かどうかの判定は、所得税基本通達51-11（貸金等の全部又は一部の切捨てをした場合の貸倒れ）から同51-16（更生手続の対象とされなかった更生債権の貸倒れ）に定める判定基準に準じて行うこととされています（所基通64-1）。

　具体的には、①各種法令等の規定による更生計画認可、再生計画認可又は特別清算に係る協定の認可の決定があった場合、②合理的な基準により債務者の負債整理を定めている債権者集会の協

議決定などにより貸金等が切り捨てられた場合、③債務者の債務超過が相当期間継続し、その貸金等の弁済を受けることができないと認められる場合でその債権者が書面により債務免除額の通知をした場合は、債権が法律上消滅した状態となり、「求償権の行使が不能となった」ものと判定されます（所基通51-11）。

　また、貸金等につき、その債務者の資産状況、支払能力からみてその全額が回収できないことが明らかになった場合には、法律上債権は存在しますが、事実上その回収ができない場合に当たると考えられることから、このような場合にも「求償権の行使が不能となった」ものと判定されます。なお、保証債務の場合は、現実に履行した後でなければ貸倒れの対象とならないこととされています（所基通51-12、所令141二参照）。

 ## Aさんのケース

　Aさんの場合は、甲社の債務を保証（土地の担保提供）したとき及びその後の甲社の営業状況、資産状況等の事実関係からみて、保証債務の履行に伴う求償権が行使不能であることが明らかであると判断されたため、是認されたものです。

 ## Bさんのケース

　Bさんの場合は、乙社の営業状況、資産状況等の事実関係からみて、乙社の債務を保証（土地の担保提供）した時点において既に倒産状態にあったと判断されたため、所得税法第64条第2項の適用が否認されたものです。

是否認の接点

　所得税法第64条第2項の保証債務の履行の場合の譲渡所得の課税の特例の規定を適用するためには、①主たる債務が存在すること、②求償権の行使が不可能となる以前に保証契約が締結されていること、③原則として、資産の譲渡代金で保証債務が履行されていること、④保証債務の履行後に求償権の行使が不可能となること、⑤確定申告に当たり同条項の適用を受ける旨申告すること等の各種要件を満たす必要があります。

　ところがBさんの場合は、Bさんが債務を保証する時点の主たる債務者である乙社の営業状況や資産状況等からみて、乙社は既に、資力を喪失しており、かつ、弁済能力がない状態にあったと認定されたものです。

　すなわち、主たる債務者が資力を喪失してからの保証債務は、主たる債務者に対する求償を予定していない、いわば債務の引受け、私財提供その他の贈与等により主たる債務者に対する利益供与がなされたものと考えられておりますので、この認定事実から、Bさんの場合は、所得税法第64条第2項に規定する「保証債務を履行した場合」及び「求償権の行使不能の場合」には該当しないと判断されたものです。

43

事業主の死亡後に従業員退職金を 支払った場合の必要経費算入の可否

調 査 事 例

　Aの父甲、Bの父乙は、それぞれ、内科医で医院を経営していたが、甲・乙の二人とも交通事故で死亡した。相続人であるAはサラリーマンであり、父甲の医院経営は引き継がず、廃業し、従業員（看護婦及び事務員）には退職してもらうこととして、退職金を支払った。これに対して、相続人であるBは大学病院の勤務医であり、父乙の医院経営を引き継ぎ、従業員（看護婦及び事務員）には引き続き勤務してもらうこととしたが、父乙との雇用契約の期間を基にして計算した退職金を支払った。

（納税者A）

○　父甲の準確定申告書の事業所得の金額の計算において、従業員に支払った退職金を必要経費に算入した。

（納税者B）

○　父乙の準確定申告書の事業所得の金額の計算において、従業員に支払った退職金を必要経費に算入した。

　ところが、税務調査において、Aの場合は是認されたが、Bの場合は、退職金の必要経費算入が否認された。

1　必要経費に算入すべき金額については、別段の定めがあるものを除いて、その年において債務が確定したものされ、納税者が年の中途で死亡した場合は、その死亡の時までに債務が確定したものに限られます（所法37、125、所基通37-2）。

2　この「別段の定め」により、事業所得などを生ずべき事業を廃止した後において、その事業に係る費用又は損失でその事業を廃止しなかったならばその者のその年分以後の各年分の事業所得などの所得金額の計算上必要経費に算入されるべき金額が生じた場合には、その金額はその者の事業を廃止した日の属する年分又はその前年分の事業所得などの所得金額の計算上、必要経費に算入されます（所法63）。

 ## Aさんのケース

　Aさんの場合は、父甲の死亡により、その医院経営という事業の承継者がおりませんので、「事業を廃止した」場合に当たり、所得税法第37条の「別段の定め」である同法第63条の規定により、退職金を必要経費に算入した処理が是認されたものです。

 ## Bさんのケース

　Bさんの場合は、父乙の事業をBさんが承継しており、従業員との雇用関係も相続により依然継続していると判断されることから、その時には退職の事実はないことになりますので、その金員は退職金には当たらないことになり、父乙の準確定申告の事業所得の金額の計算上必要経費算入が否認されたものです。

是否認の接点

1　原則として雇用契約上の使用者の地位は、相続の対象となる（民法896）ので、Aさんは父甲から、Bさんは父乙から相続したことになります。

2　そして、Aさんの場合は、医院経営事業を廃止し、その後において従業員に退職金を支払っていますので、所得税法第63条の規定により、その退職金の必要経費算入が是認されたものです。

3　しかし、Bさんの場合は、従業員との雇用契約は依然として継続していることになりますから、従業員が退職していませんので、相続人であるBさんは、従業員に退職金を支払う理由がありません。したがって、父乙の準確定申告においては、退職金を必要経費に算入することができないことになります。

　なお、事業承継者であるBさんの事業所得の金額の計算上、この支払った退職金相当額を「給与（賞与）」として必要経費に算入する処理は認められることになります。

【参考】東京高裁平成9年3月24日判決

○　使用者の死亡が雇用契約の終了原因となるかどうかについては、明文の規定はないが、相続人は、被相続人の一身に専属したものを除き、被相続人の財産に属した一切の権利義務を承継するのであるから（民法896条）、使用者個人を看護又は教育するための雇用など労務の内容自体が使用者の一身に属するものである場合や、使用者の変更によって労務の内容に重大な差異が生ずるような場合を除いては、雇用契約上の使用者の地位は相続の対象となり、使用者の死亡によって当然に雇用関係が終了することにはならないと解するのが相当である。

○　被相続人の病院事業は、同人の死亡により相続人に承継されており、廃止されていないというべきであるから、被相続人の事業が同人の死亡により廃止されたことを前提として所得税法第63条の適用をいう控訴人らの主張は失当である。

Ⅳ 必要経費の金額の計算等

親 族 に 支 払 っ た 家 賃

　納税者Ａ、Ｂは、それぞれ父所有の建物（父母が居住）の一部を店舗として賃借して事業を営んでおり、父に対して支払った家賃を事業所得の金額の計算上必要経費に算入していた。

（納税者Ａ）

○　Ａは、Ａの妻子とともに店舗近くにアパートを借りて住んでおり（父母とは別居）、独立して生計を営んでいる。

（納税者Ｂ）

○　Ｂは独身であり、店舗の２階に住んでおり、月々一定の生活費を両親に渡している。

　ところが、税務調査において、Ａの場合は是認されたが、Ｂの場合は必要経費算入が否認された。

解説

　1　業務用の土地、建物などの賃借料については、その業務に関連し、業務遂行上直接必要なものは事業所得等の金額の計算上必要経費に算入されます（所法37）が、その業務を営んでいる人が、その人と生計を一にする配偶者その他の親族（6親等内の血族、3親等内の姻族）に対して支払った賃借料については必要経費に算入されません（所法56）。

　なお、その業務用資産に係る公租公課、保険料等について、その親族が支払うべきものがある場合には、その金額は業務を営ん

でいる人の事業所得等の金額の計算上必要経費に算入することと
されています（所法56、所基通56−1）。

2 「生計を一にする」とは、必ずしも同一の家屋に起居している
ことをいうものではなく、次のような場合には、それぞれ次によ
り取り扱われます（所基通2−47）。

(1) 勤務、修学、療養等の都合上、他の親族と日常の起居を共に
していない親族がいる場合であっても、次に掲げる場合に該当
するときは、これらの親族は生計を一にするものとされます。

　イ　その他の親族と日常の起居を共にしていない親族が、勤務、
修学等の余暇にはその他の親族のもとで起居を共にすること
を常例としている場合

　ロ　これらの親族間において、常に生活費、学資金、療養費等
の送金が行われている場合

(2) 親族が同一の家屋に起居している場合には、明らかに互いに
独立した生活を営んでいると認められる場合を除き、これらの
親族は生計を一にするものとされます。

Aさんのケース

　Aさんは、両親と別居しており、また、生活費等も別々に支出し
ていることから、Aさんとお父さんとは「生計を一にする場合に当
たらない」と判断されたものです。

Bさんのケース

　Bさんは、同一の家屋に住んでおり、また、月々一定の生活費を
両親に渡していることなどから、独立して生計を営んでいるとは認

められず、Ｂさんとお父さんとは「生計を一にする場合に当たる」
と判断されたものです。

 ## 是否認の接点

　事業主と建物所有者である父親とが、「生計を一にする場合に、
当たるか、当たらないか」が、本件のポイントになります。

　すなわち、「生計を一にする場合に当たる」ときには、事業主が
親族に支払った家賃を事業主の必要経費に算入しないこととし、父
親が受け取った家賃も父親の所得とは認識しないことになります。
なお、この場合、父親が支払う建物の固定資産税等の経費や減価償
却費（事業として使用している部分）は、事業主の必要経費に算入され
ます。

　一方、「生計を一にする場合に当たらない」ときには、一般の場
合と同様であり、事業主が支払った家賃は事業主の必要経費に算入
され、家賃を受け取った父親はその家賃を不動産所得として課税さ
れることになります。

　したがって、Ａさんの場合は、「生計を一にする場合に当たらな
い」と判断されたことから、父親に支払った家賃はＡさんの事業所
得の金額の計算上必要経費に算入されることになりますが、Ｂさん
の場合は、「生計を一にする場合に当たる」と判断されたことから、
父親に支払った家賃はＢさんの事業所得の金額の計算上必要経費に
算入されないことになります。

45

青色事業専従者の
「専ら事業に従事する」要件

調 査 事 例

　事業を営む青色申告者Ａ、Ｂは、それぞれ生計を一にする次の親族を青色事業専従者としており、届出の範囲内で次のとおり給与を支払い、事業所得の金額の計算上必要経費に算入していた。

（納税者Ａ）

○　長女甲に対して、１月から５月まで月額15万円を支給

　（甲は６月に結婚し、独立したため、それ以後は事業に従事していない。）

○　長男乙に対して、１月から12月まで月額20万円を支給

　（乙は夜学に通っており、１日６時間程度事業に従事している。）

（納税者Ｂ）

○　妻丙に対して、１月から12月まで月額20万円を支給

　（丙は某会社の役員をしており、事業には週２〜３日、１日３時間程度従事している。）

○　長男丁に対して、１月から12月まで月額15万円を支給

　（丁は大学生であり、夕方２時間程度事業に従事している。）

　ところが、税務調査において、Ａの場合は是認されたが、Ｂの場合は必要経費算入が否認された。

青色事業専従者とは、次のいずれにも該当する人を
いいます（所法57①⑦、所令165①）。

(1)　青色申告者と生計を一にする配偶者その他の親族
である人

(2)　その年の12月31日現在（専従者又は青色申告者が年の中途で死亡した
場合には、それぞれ死亡当時）で年齢が15歳以上である人

(3)　青色申告者の経営する事業に専ら従事する人

なお、この「事業に専ら従事する」かどうかの判定は、その事
業に「専ら従事する期間」(注) がその年を通じて６月を超えるか
どうかによって判定することとされていますが、次のような場合
には、事業に従事することができると認められる期間を通じてそ
の２分の１を超える期間その事業に専ら従事すれば、青色事業専
従者と判定されます。

イ　年の中途の開業、廃業、休業又は青色申告者の死亡、その事
業が季節営業であることなどの理由により、その年中を通じて
事業が営まれなかった場合

ロ　事業に従事する親族の死亡、長期の病気、婚姻その他相当の
理由によって、その年中を通じて青色申告者と生計を一にする
親族としてその事業に従事することができなかった場合

(注)　上記の「専ら従事する期間」の判定に当たっては、次の表の「区分」
欄に該当する人については、その該当する期間は「専ら従事する期間」
に含まれないこととされていますが、「左の例外」欄に記載した場合に
該当するときのその該当する期間は「専ら従事する期間」に含まれる
こととされています（所令165②）。

区　分	左の例外（専ら従事する期間に含まれる期間）
①　高校、大学その他洋裁学校などの学生又は生徒である人	昼間営業に従事する人が夜間の授業を受ける場合、夜間営業に従事する人が昼間の授業を受ける場合又は常時修学しない場合などのように、事業に専ら従事することが妨げられないと認められるときのその期間
②　他に職業がある人	その他の職業に従事する時間が短いなどの関係で事業に専ら従事することが妨げられないと認められる場合のその期間
③　老衰その他心身の障害によって事業に従事する能力が著しく阻害されている人	―

 ## Ａさんのケース

　Ａさんの事業に従事する長女の甲さんは、5か月間しか事業に従事していませんが、これは結婚によるものであることから青色事業専従者として認められたものです。また、長男の乙さんは夜学に通っていますが、事業に専ら従事する妨げになっていないと判断されたものです。

 ## Ｂさんのケース

　Ｂさんの事業に従事する妻の丙さんは、他に職業があり、実際に事業に従事する時間、内容を検討しても「専ら事業に従事する」とは言えないと判断されたものです。また、長男の丁さんは大学生であり、従事期間からみて丙さんと同様に青色事業専従者には該当しないと判断されたものです。

Ⅳ
必要経費の金額の計算等

 是否認の接点

　事業に従事する親族が生計を一にする親族であり、その親族が「青色事業専従者」として認められるかどうかは、単に事業に従事するということだけでは足りず、「専ら事業に従事する」ことが要件とされています。

　この場合の「専ら事業に従事するかどうか」について、所得税法や通達等には1日何時間以上というような規定はありませんが、所得税法施行令第165条第1項の「当該事業に専ら従事する期間がその年を通じて6月をこえるかどうかによる」とか、「事業に従事できると認められる期間を通じてその2分の1に相当する期間をこえる期間当該事業に専ら従事すれば足るものとする」という規定ぶりから判断すると、例えば1日8時間営業している場合には最低4〜5時間以上従事していることが必要であると考えられます。

　もっとも、従事時間、職務内容によって給与の額に差が生ずるのは当然ですが、「専ら事業に従事していない」と認められる場合には、支給した給料の全額が必要経費に算入されないことになります。

46 青色事業専従者給与の「労務の対価として相当である」要件

調　査　事　例

　病院を経営する青色申告者Ａ、Ｂは、それぞれ妻を青色事業専従者としており、届出の範囲内で次のとおり給与を支払い、事業所得の金額の計算上必要経費に算入していた。

（納税者Ａ）

○　月額170万円、年間2,040万円

（妻は内科医の資格を有しており、１日６時間程度診療を行っている。）

（納税者Ｂ）

○　月額170万円、年間2,040万円

（妻は医師、看護師等医療業務に関連する資格を有せず、窓口の受付業務、窓口収入の管理、記帳を主な業務とし、１日６時間程度従事している。）

　ところが、税務調査において、Ａの場合は是認されたが、Ｂの場合は、必要経費算入が一部否認された。

　1　青色事業専従者給与の必要経費算入は、前の事例（青色事業専従者の「専ら事業に従事する」要件）のとおり、青色事業専従者が「事業に専ら従事する」場合に認められますが、この場合でも支給した給与の全額が必ずしも必要経費になるわけではありません。

　すなわち、必要経費に算入される青色事業専従者給与の額は、その支給額のうち、届出書に記載された金額の範囲内で、かつ、次のような事実に照らし、その労務の対価として相当であると認められる金額となります（所法57①、所令164）。

(1)　青色事業専従者の労務の性質、労務の提供の程度

(2)　従事する事業の種類、規模、収益の状況

(3)　その事業に従事する他の使用人が支払を受ける給与の状況

(4)　その事業と同種の事業でその規模が類似するものに従事する者が支払を受ける給与の状況

2　したがって、青色申告書を提出する事業所得者が青色事業専従者給与を必要経費に算入できるのは、届出、従事期間等の条件をクリアーするとともに、支給した給与の額が労務の対価として相当なものであることが必要で、それを超えるものは必要経費に算入できないことになります。

　個人事業者の場合、雇人に対する給与はともかく、身内に対する給与の額は、その従事する仕事の内容とは必ずしも一致しないケースも見受けられ、「お手盛り」の場合は、所得を分散して不当に租税を免れる結果となるため、「労務の対価として相当であると認められる金額」に限って必要経費算入を認めているものです。

Aさんのケース

　Aさんの場合は、妻は医師の資格を有しており、その労務の性質、労務の提供の程度等から、その専従者給与の支給額が「労務の対価として相当である」と認められたものです。

Ｂさんのケース

　Ｂさんの場合は、妻は医師、看護師等医療業務に関連する資格を有せず、窓口の受付業務、窓口収入の管理、記帳を主な業務としていますが、その労務の性質、労務の提供の程度等からみると、その専従者給与の支給額が「労務の対価として不相当に高額である」と認められ、必要経費算入の一部が否認されたものです。

 是否認の接点

　Ｂさんの場合、妻の業務内容はいわば「事務員」で、それに対する月額170万円という給与は「労務の対価として不相当」であることは明らかであると考えられます。

　それでは、青色事業専従者給与の必要経費算入額は、「労務の対価として」どこまでが「相当」で、いくら支払ったら「不相当」なのかということになりますが、一般的には、

① 　雇人の業務内容及びそれに対する給与との比較

② 　同程度の規模の同業者はどの程度の給与を支払っているか

③ 　資格を有している者とそうでない者の給与のバランス

④ 　その事業の収益の状況

などの事実を総合的に勘案して、必要経費に算入する青色専従者給与額の「労務の対価として相当な金額」を判断することになります。

Ⅳ

必要経費の金額の計算等

雑損控除の対象となる被災資産

調査事例

　給与所得者Ａ、Ｂは、それぞれ自宅が火災に遭い、住宅、家財について損害を受けたため雑損控除の申告をした。被災した家財の中に次の資産が含まれていた。

（納税者Ａ）

○　桐タンス（時価100万円）

○　自家用車（通勤用のもので、通勤手当は車通勤として支給を受けている。）（時価80万円）

○　金の指輪（時価20万円）

（納税者Ｂ）

○　パソコンシステム（時価300万円）

○　自家用車（通勤用以外のもの）（時価80万円）

○　ダイヤの指輪（時価50万円）

　ところが、税務調査において、Ａの場合は是認されたが、Ｂの場合は上記の資産については雑損控除が適用されないとして否認された。

解説

　納税者又は納税者と生計を一にする配偶者その他の親族（合計所得金額が48万円以下のもの）の有する資産について、災害又は盗難若しくは横領による損失を生じた場合には、雑損控除を適用することになります（所法72①、所令205①）。

　この雑損控除の対象となる資産とは、一般的には住宅や家財等ですが、次に掲げる「生活に通常必要でない資産」は雑損控除の対象となる資産から除かれています（所法72①、62①、所令178①）。

(1)　競走馬（事業の用に供されるものを除きます。）その他射こう的行為の手段となる動産

(2)　主として趣味、娯楽、保養又は鑑賞の目的で所有する資産

(3)　生活用動産で、その譲渡による所得が非課税とされないもの

　この「(3)　生活用動産で、その譲渡による所得が非課税とされないもの」とは、生活の用に供する動産のうち生活に通常必要な動産に該当しない資産又は生活に通常必要な動産であっても1個又は1組の価額が30万円を超える貴金属等（貴石、半貴石、貴金属、真珠及びこれらの製品、べっこう製品、さんご製品、こはく製品、ぞうげ製品、七宝製品、書画、こっとう及び美術工芸品）をいいます（所令25）。

 ## Aさんのケース

　Aさんの所有する桐タンス、自家用車、金の指輪は、次によりいずれも「生活に通常必要でない資産」に該当しないと認められ、雑損控除が適用されたものです。

(1)　桐タンス……タンスは生活に通常必要な動産であり、また、桐製品は所得税法施行令第25条に規定する30万円基準が適用される資産には該当しません。

(2)　自家用車……専ら通勤用として使用されているため、生活に通常必要な動産であると認められたものです。

(3)　金の指輪……貴金属等に該当しますが、30万円以下ですので雑損控除の対象となります。

Ⅴ

所得控除・税額控除

Bさんのケース

　Bさんの所有するパソコンシステム、自家用車、ダイヤの指輪は、次によりいずれも「生活に通常必要でない資産」に該当すると認められ、雑損控除が否認されたものです。

(1)　パソコンシステム……パソコンマニアとして取得したものであり、社会通念上、一般的に生活に通常必要な動産とは認められないと判断されたものです。

(2)　自家用車……通勤用以外のものであり、生活に通常必要な動産とは認められないと判断されたものです。

(3)　ダイヤの指輪……指輪は生活用動産であるとしても、30万円を超える貴金属等に該当し、雑損控除の適用が否認されたものです。

 是否認の接点

1　「生活に通常必要でない資産」は雑損控除の対象から除外されますが、そのうち、「生活用動産」がこれに該当するかどうかを整理すると次のようになります。

資産の区分			雑損控除の適用
生活用動産	生活に通常必要な動産	下記以外のもの(所令25)	雑損控除が受けられる
		30万円を超える貴金属等(生活に通常必要でない資産・所令178①三)	雑損控除が受けられない
	生活に通常必要でない動産		

2　このように、生活用動産については、「生活に通常必要な動産」と「生活に通常必要でない動産」とに区分されますが、そもそも

その損害を受けた動産が生活用動産に当たるかどうか、また、生活に通常必要かどうかという「不確定概念」の判定に当たって、どのような考え方・方法で法の解釈・適用をすべきかということが問題となります。

　すなわち、これを判定する場合に、①個々の人ごとにその人の生活環境などから判定する方法と、②社会一般の通念から判定する方法が考えられますが、①の個々の人ごとに判定するとした場合には、どのような資産でもその人にとっては生活に通常必要であるという説明が可能となりますので、事実上、法解釈・適用を個々人に委ねるに等しく、生活に通常必要でない資産については雑損控除を認めないという所得税法の趣旨にそぐわない結果となるという問題が生ずることになります。

　そこで、生活用動産かどうか、生活に通常必要かどうかという判定は、その人の職業、社会的地位、所得状況等を勘案し、社会通念に照らした常識的な判断（社会一般の人の共通要素としての生活に通常必要かどうか）によるべきものと考えられます。

3　このような考え方の下、Ａさんの場合は雑損控除の申告が是認されたのですが、Ｂさんの場合はそれぞれの資産が雑損控除の対象とならない「生活に通常必要でない資産」に該当すると認定されたものです。

　なお、Ｂさんのパソコンシステムは、その購入価額が300万円と高額で、その使途などが生活に通常必要なものではないと判断されたものです。

　また、自家用車については、その使用状況からみて、Ａさんの場合は専ら通勤用として使用していることから「生活に通常必要な動産」と認定されたのに対し、Ｂさんの場合は「生活に通常必

所得控除・税額控除

Ⅴ

要でない動産」と認定されたものです。

> 【参考】最高裁平成 2 年 3 月23日第二小法廷判決、大阪高裁昭和63年 9 月
> 　　　　27日判決
> ○　給与所得者の自家用自動車の譲渡による損失の金額を、給与所得の金
> 　額から控除することはできないとされた事例
> ○　給与所得者が普通乗用自動車を所有し、その使用範囲がレジャーのほ
> 　か通勤および勤務先における業務にまで及んでいるとしても、使用者か
> 　ら通勤費用の大部分が支給され、勤務先における使用も法的義務に基づ
> 　くものでない等の事実関係のもとにおいては、右自動車は所得税法69条
> 　2 項にいう「生活に通常必要でない資産」に該当し、その譲渡により損
> 　失が生じたとしても、同条 1 項による他の各種所得との損益通算は認め
> 　られない。

医療費控除の対象となる医療費

調 査 事 例

　納税者Ａ、Ｂは、それぞれ次のとおり家政婦を頼み、その支出した対価の額を医療費の金額に含めて医療費控除の申告をした。

（納税者Ａ）

○　Ａと生計を一にする父が寝たきり状態となり、自宅で療養中であるが、主に父を介護するため家政婦を頼んだ。

（納税者Ｂ）

○　Ｂの妻が病気になり、10日程で退院したが、家事を十分にこなすことができないと見込まれたので、主に子供の世話や家事のため家政婦を頼んだ。

　ところが、税務調査において、Ａの場合は是認されたが、Ｂの場合は医療費控除の対象とされないとして否認された。

1　医療費控除の対象となる医療費とは、次の対価のうち、①その病状、②一定の特別養護老人ホームにおける介護サービス等の提供の状況、③特定保健指導の結果が一定の基準に該当する人のその状態に応じて、一般的に支出される水準を著しく超えない部分の金額をいいます（所法73、所令207、所規40の3）。

(1)　医師・歯科医師による診療・治療の対価

Ⅴ
所得控除・税額控除

(2)　診療・治療に必要な医薬品（医薬品、医療機器等の品質、有効性
及び安全性の確保等に関する法律第2条第1項に規定する医薬品）の購
入の対価

(3)　病院、診療所（一定の特別養護老人ホームが含まれる。）又は助産
所へ収容されるための人的役務の提供の対価

(4)　施術者（あん摩マッサージ指圧師、はり師、きゅう師等に関する法律
に規定する施術者）又は柔道整復師（柔道整復師法に規定する柔道整
復師）による施術の対価

(5)　保健師、看護師又は准看護師（看護師等という。）による療養
上の世話の対価

(6)　助産師による分娩の介助の対価

2　上記1の(5)の「療養上の世話」とは、看護師等が保健師助産師
看護師法上の業務として行う療養上の世話をいいますが、看護師
等の資格のない人で療養上の世話を受けるために特に依頼した人
から受ける療養上の世話も含まれます（所基通73-6）。

 Aさんのケース

Aさんの場合は、家政婦が実際に寝たきりの父親の定期検温、投
薬、着替え等の介護に従事していることから、家政婦に支払った費
用は、療養上の世話の対価に当たり、その金額が一般的に支出され
る水準の範囲内であると認められたものです。

 Bさんのケース

Bさんの場合は、家政婦は主として子供の世話や家事に従事して
いることから、家政婦に支払った費用は、療養上の世話の対価とは

認められないとして否認されたものです。

 是否認の接点

1　医療費控除の対象となる医療費の範囲には、上記のとおり、療養上の世話に対して支払う対価が含まれますが、その療養上の世話をする人には看護師等の資格のある人のほか、これらの資格のない人（一般的には家政婦等）でも療養上の世話を受けるために特に依頼した人についてその対象とされます。

2　一般に、療養上の世話を家政婦等に依頼するケースとしては、①完全看護でない病院に入院中の場合と、②自宅療養中の病人に対して療養上の世話のために特に依頼する場合が考えられます。いずれの場合においても実際に療養上の世話が行われ、その費用の額が一般的に支出される水準額の範囲内のものについて医療費控除の対象になりますが、特に②の自宅療養の場合には、家政婦等が従事した業務が療養上の世話であること（家事上のものでないこと）を明確かつ合理的に説明できるようにしておく必要があると考えます。

　　なお、身内の人に療養上の世話を依頼し、そのお礼として金銭を支出した場合には、「特に依頼した」とは認められませんので、医療費控除の対象とはされません。

3　事例については、このような考え方の下で、それぞれの事実関係から判断した結果、Ａさんの場合は「お父さんへの療養上の世話」と認められましたが、Ｂさんの場合は「奥さんへの療養上の世話」とは認められず「子供の世話、家事に従事」したものと事実認定されたものです。

所得控除・税額控除　Ⅴ

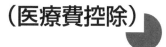

49

被相続人の生前の医療費
（医療費控除）

調　査　事　例

　納税者Ａ、Ｂは、それぞれサラリーマンであるが、それぞれ、令和5年8月、入院中の母を亡くした。

　それぞれの母は、賃貸マンションを有しており、不動産賃貸収入があり、その入院中の医療費については、病院からＡ、Ｂに請求され、相続したその賃貸収入に基づく相続財産から支払われた。

　納税者Ａ、Ｂは、それぞれの母の所得税等の準確定申告に当たり、入院中の医療費に係る医療費控除については次により、それぞれ期限内に準確定申告書を提出した。

（納税者Ａ）

○　母の入院中の医療費に係る医療費控除の適用をしないところにより母の準確定申告書を提出した。

○　母の入院前は、Ａと母は同居していたことから、母の入院に係る医療費については、Ａの確定申告に当たり、医療費控除の対象に含めて申告した。

（納税者Ｂ）

○　母の準確定申告書は、母の入院に係る医療費を基に、医療費控除の金額を計算してその適用をして提出した。

○　母は、入院前は、独り暮らしであり、Ｂは時々、介護等のため訪れていた。

　ところが、税務調査において、Aは是認されたが、Bは、母の準確定申告における医療費控除の適用が否認された。

　その年の1月1日から12月31日（年の中途で死亡した場合は死亡日）までの間に自己又は自己と生計を一にする配偶者やその他の親族のために医療費を支払った場合において、その支払った医療費が一定額を超えるときは、その医療費の額を基に計算される金額の医療費控除を受けることができます（所法73）。

　なお、「自己と生計を一にする配偶者やその他の親族」に当てはまるかどうかの判定は、医療費を支出すべき事由が生じた時又は現実に医療費を支払った時の現況によることとされています（所基通73-1）。

Aさんのケース

　Aさんの場合は、医療費を支出すべき事由が生じた時に生計を一にしていた母の医療費を、母の死亡後にAさんが支払ったものであり、Aさんの確定申告に当たり、医療費控除の対象に含めて申告したことが是認されたものです。

Bさんのケース

　Bさんの場合は、母が医療費控除の適用を受ける形で母の準確定申告書を提出しているが、母に係る医療費であっても母は生前医療費の支払はしていないので、母の準確定申告における医療費控除の適用はないとして否認されたものです。

Ⅴ

所得控除・税額控除

是否認の接点

　医療費控除の対象となる医療費は、次の要件を満たす必要があります。

(1)　納税者が、自己又は自己と生計を一にする配偶者やその他の親族のために支払った医療費であること。

(2)　その年の1月1日から12月31日（年の中途で死亡した場合は死亡日）までの間に支払った医療費であること（未払いの医療費は、現実に支払った年の医療費控除の対象となります。）。

　したがって、被相続人の死亡後に支払われた医療費は、たとえ相続財産で支払われた場合であっても、被相続人が支払ったことにはならないので、被相続人の準確定申告上、医療費控除の対象とすることはできません。

　Aさんの場合は、上記の要件を満たすのでその申告が是認されたものです。Bさんの場合はこの要件を満たさず、Bさんの母の準確定申告における医療費控除の適用はないとして否認されたものです。

　なお、Bさんは母と生計を一にしているとはいえないので、Bさんが支払った母に係る医療費は、Bさんの申告においても医療費控除の対象とはなりません。

50

寄附金控除の対象となる
大学に対する寄附

調 査 事 例

　納税者Ａ、Ｂは、それぞれ、私立大学に対して次の寄附をし、令和４年分確定申告で寄附金控除の申告をした。

（納税者Ａ）

○　甲大学に対する寄附金100万円を令和４年９月10日に支出した。

○　甲大学は、令和４年３月に、創立50周年記念事業のための寄附金の募集を開始している。

○　Ａの長男は、令和２年４月に甲大学に入学し、令和４年４月から３年生である。

（納税者Ｂ）

○　乙大学に対する寄附金100万円を令和４年４月10日に支出した。

○　乙大学は、令和３年８月に、創立50周年記念事業のために寄附金の募集を開始している。

○　Ｂの長男は、令和４年４月に乙大学に入学し、寄附の時は１年生である。

　ところが、税務調査において、Ａの場合は是認されたが、Ｂの場合は寄附金控除の対象とされないとして否認された。

1　納税者が次の「特定寄附金」を支出した場合には、寄附金控除を適用することができますが、特定寄附金の範囲から「学校の入学に関してする寄附金」が除かれています（所法78②）。

(1)　一般の寄附金（所法78②）

　①　国又は地方公共団体に対する寄附金（所法78②一）

　②　財務大臣の指定した寄附金（所法78②二）

　③　特定公益増進法人に対する一定の寄附金（所法78②三、所令217）

　④　一定の特定公益信託の信託財産とするための支出（所法78③、所令217の2）

(2)　一定の政治献金（措法41の18①）

(3)　認定特定非営利活動法人（認定NPO）に対する寄附金（措法41の18の2）

(4)　特定新規株式の取得に要した金額（措法41の19）

2　この「学校の入学に関してする寄附金」とは、本人又は子供等が入学を希望する学校に対する寄附金で、その納入がない限り入学が許されないこととされるものやその他入学と相当の因果関係のあるものをいいますが、入学願書受付の開始日から入学が予定される年の年末までの期間内に納入したもの（入学後に募集の開始があったもので、新入生以外の者と同一の条件で募集される部分を除きます。）は、原則としてこれに該当します（所基通78-2）。

　なお、入学を希望して支出する寄附金は、入学辞退等により、結果的に入学しないこととなった場合においても、寄附金控除の対象とはされません（所基通78-3）。

3　ところで、学校には、国公立と私立がありますが、国公立の学

校に対する寄附は「国又は地方公共団体に対する寄附金」となり、私立の学校に対する寄附は、一般的には「特定公益増進法人に対する一定の寄附金」となりますが、この「特定公益増進法人」には、次の学校法人等が含まれます（所令217四）。

(1)　私立学校の設置を目的とする学校法人（私立学校法3）で次のもの

　　イ　学校（幼稚園、小・中・高等学校、中等教育学校、特別支援学校、大学及び高等専門学校並びに幼保連携型認定こども園をいう。以下同じ。）の設置を主たる目的とする学校法人

　　ロ　学校と一定の専修学校・各種学校の設置を主たる目的とする学校法人

(2)　私立専修学校・各種学校の設置のみを目的として設立された法人（私立学校法64④）で一定の専修学校・各種学校の設置を目的とするもの

 ## Ａさんのケース

　Ａさんの場合は、長男が甲大学の3年生であることから、「学校の入学に関してする寄附金」には該当しないので、寄附金控除の適用が認められたものです。

 ## Ｂさんのケース

　Ｂさんの場合は、長男が乙大学の1年生であり、「入学と相当の因果関係のあるもの」と判断され、「学校の入学に関してする寄附金」に該当するものとして寄附金控除の適用が否認されたものです。

是否認の接点

1　学校法人等に対する寄附金については、「学校の入学に関してする寄附金」に当たるかどうかが一つのポイントとなりますが、寄附金が入学の条件とされていなくても、入学前又は入学した年に納入した寄附金は、原則として入学に関してする寄附金とされ、寄附金控除の対象から除かれます。

　　事例のように、寄附金の目的が創立50周年記念事業のために募集するものであり、また、入学生とは関係なく在校生、卒業生から広く集めているものであっても、入学前に既に寄附金の募集開始が行われているものであること、かつ、入学した年に納入したものであることの要件を満たす限り、入学に相当の因果関係があると判断されます。

　　仮に、入学した年に寄附金の申込み（予約）をし、実際の納入が翌年に行われた場合でも、入学と相当の因果関係があると判断されます。

2　Aさんの場合は、長男の入学決定後に寄附金の募集開始が行われており、また、長男が大学3年生のときに納付したものであることから、「学校の入学に関してする寄附金」には該当しないと認められたものです。

　　一方、Bさんの場合は、長男の入学決定前に寄附金の募集開始が行われていたこと、また、入学した年に寄附金を納入していることから、「入学と相当の因果関係のあるもの」と判断され、「学校の入学に関してする寄附金」に該当するものとして否認されたものです。

51

内縁の妻を受取人とする
　　生命保険契約の生命保険料控除

調 査 事 例

　　A、Bは、それぞれ生命保険会社と自らを被保険者とする一時払終身生命保険契約を締結し、一時に生命保険料（500万円）を支払い、死亡保険金受取人は、Aの場合は、米国の会社に勤務している米国在住の息子甲とし、Bの場合は、同居している内縁の妻（50%）と娘（実子：50%）としている。

（納税者A）

○　生命保険料（500万円）につき、生命保険料控除を適用し、生命保険会社から送付されてきた証明書を添付して確定申告書を提出した。

（納税者B）

○　生命保険料（500万円）につき、生命保険料控除を適用して確定申告書を提出した。なお、生命保険会社から証明書が送付されてこなかったので、銀行で振込送金した際の書類のコピーを確定申告書に添付した。

　ところが、税務調査において、Aの場合は是認されたが、Bの場合は、生命保険料控除が否認された。

生命保険料控除の対象となる生命保険契約とは、生命保険契約のうち保険金受取人の全てが保険料の負担者又はその親族である場合に限定されています（所法76⑤⑥）。

　なお、この場合の親族とは、民法第725条に規定する親族、すなわち、①6親等内の血族、②配偶者及び③3親等内の姻族をいうものと解されています。また、配偶者には、内縁の妻は含まれないものと解されています。

 ## Aさんのケース

　Aさんの場合は、生命保険料控除の対象となる生命保険契約の保険金受取人は「親族であること」が要件とされているだけで、「生計を一にすること」とか「同居」とかの要件が付されていないことから、米国在住の息子を保険金受取人とする生命保険契約に係る生命保険料が生命保険料控除の対象となるものとして、確定申告の内容が是認されたものです。

 ## Bさんのケース

　Bさんの場合は、その保険金受取人は内縁の妻と実子である娘となっており、内縁の妻は親族には含まれないものと解されていることから、その生命保険料控除が否認されたものです。

是否認の接点

　生命保険料控除の対象となるか否かのポイントの一つは、その保険金受取人の全てが保険料の負担者又はその親族である場合であるか否かということです。Ｂさんの場合は、その受取人に、保険料負担者の親族でない内縁の妻が入っていたために生命保険料控除の適用が否認されたものです。

　なお、住宅ローンを利用してマイホームを取得する場合に、銀行がそのローン契約者を被保険者とする生命保険契約（団体信用保険契約）を締結し、そのローン契約者が借入金返済という形で保険料相当額を実質的に負担することになる事例がありますが、このような保険は、その保険金受取人は銀行となりますので、生命保険料控除の対象にはならないことになります。

Ⅴ

所得控除・税額控除

52

長期入院者と老人ホーム入居者の
同居老親等である老人扶養親族として
の扶養控除適用の可否

調査事例

納税者Ａ、Ｂは、それぞれ、父は亡くしたが、80歳の母は健在である。

納税者Ａ、Ｂは、それぞれの所得税等の確定申告に当たり、それぞれの母を老人扶養親族（同居老親等）として、扶養控除の金額を計算して、それぞれ期限内に確定申告書を提出した。

（納税者Ａ）

○　Aは母を扶養し扶養控除の対象としているが、母は、一昨年前から、病気で病院に入院中である。

○　なお、入院前は、Aと母は同居していた。

（納税者Ｂ）

○　Bは母を扶養し扶養控除の対象としているが、母は、一昨年前から、老人ホームに入所している。

○　なお、入所前は、Bと母は同居していた。

ところが、税務調査において、Aは是認されたが、Bは、同居老親等である老人扶養親族としての扶養控除の適用が否認され、同居老親等以外の老人扶養親族としての扶養控除額とするよう指導された。

居住者が同居老親等である老人扶養親族を有する場合には58万円、同居老親等以外の老人扶養親族を有する場合は48万円の扶養控除を受けることができます（所法2①三十四～三十四の三、84、措法41の16）。

　「老人扶養親族」とは、次の(1)から(5)のいずれにも該当する人をいい、更に、(6)の要件も満たす人を「同居老親等」といいます（令和5年分以後の所得税においては、非居住者である扶養親族については要件が異なっています。）。

(1)　配偶者以外の親族、都道府県知事から養育を委託された児童（いわゆる里子）又は市町村長から養護を委託された老人であること。

(2)　納税者と生計を一にしていること。

(3)　年間の合計所得金額が48万円以下（令和元年分以前は38万円以下）であること。

(4)　青色申告者の事業専従者としてその年を通じて一度も給与の支払を受けていないこと又は白色申告者の事業専従者でないこと。

(5)　年齢が70歳以上であること。

(6)　納税者又は納税者の配偶者の直系尊属（父母、祖父母など）で、納税者又はその配偶者のいずれかとの同居を常としていること。

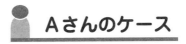

Aさんのケース

　Aさんの場合は、Aさんの母は同居老親等である老人扶養親族に該当するとして、その申告が是認されたものです。

Ｂさんのケース

　Ｂさんの場合は、Ｂさんの母は同居老親等である老人扶養親族に該当せず、同居老親等である老人扶養親族としての扶養控除の適用が否認され、同居老親等以外の老人扶養親族としての扶養控除額とするよう指導されたものです。

 # 是否認の接点

　上記「解説」の(1)から(5)のいずれにも該当する人が「老人扶養親族」であり、更に、上記「解説」の(6)の要件を満たす人が「同居老親等」として控除額が10万円加算されている人です。

　上記「解説」の(6)の要件の「同居」については、病気の治療のために入院していることにより納税者等と別居している場合は、その期間が結果として１年以上といった長期にわたるような場合であっても、同居に該当するものとして取り扱って差し支えないこととされています。ただし、老人ホーム等へ入所している場合は、その老人ホーム等が居所となり、同居しているとはいえません。

　Ａさんの場合は、Ａさんの母は病気で病院に入院中であるため、同居に該当するものとして取り扱われ、その申告が是認されたものです。

　Ｂさんの場合は、Ｂさんの母は老人ホームに入所しているため、同居しているとはいえないとして、同居老親等以外の老人扶養親族としての扶養控除額とするよう指導されたものです。

53

住宅借入金等特別控除の「引き続き居住」要件

調査事例

　サラリーマンＡ、Ｂは、それぞれ、家族とともに社宅に入居しているが、３年後の令和７年３月の定年退職後は郷里で暮らすこととしている。

　Ａ、Ｂは、令和４年８月、その退職の時期を待たずに郷里に住宅を新築・取得したが、その資金の大部分は住宅ローンによったことから、令和４年分所得税の確定申告で住宅借入金等特別控除の申告をした。

（納税者Ａ）

○　Ａと大学生の息子は、新築住宅取得後も引き続き社宅に住んでいるが、Ａの妻と中学生の娘は、令和４年８月以降、郷里の新築住宅に住んでおり、Ａは休日にはほとんど郷里に帰っている。

（納税者Ｂ）

○　Ｂとその家族（妻・息子・娘）は、新築住宅取得後も引き続き社宅に住んでおり、郷里の新築住宅には、その完成後、年金暮らしの両親が住んでいる。

　ところが、税務調査において、Ａの場合は是認されたが、Ｂの場合は住宅借入金等特別控除の適用が否認された。

住宅借入金等特別控除を受けるための要件として、家屋を新築・取得した者（又は自己の居住の用に供する家屋に増改築等をした者。以下「所有者」といいます。）が、その家屋（又は増改築等をした部分）にその新築の日（若しくは取得の日又は増改築等の日）から 6 か月以内に入居し、かつ、この控除を受ける年の12月31日（その者が死亡した日の属する年にあっては、同日）まで引き続き居住していること^(注) が必要とされています（措法41①⑥⑩⑬⑯）。

（注）　災害により居住することができなくなった一定の場合は、引き続き居住しているとみなすこととされている（措法41㉜）。

　したがって、新築・取得等をした家屋に、その家屋の所有者以外の者、例えば親族だけが住む場合には、この要件に当たらないことになります。

　ただし、その家屋の所有者が、転勤、転地療養その他のやむを得ない事情により、その所有者と生計を一にする親族（配偶者、扶養親族等）と日常の起居を共にしていない場合において、その新築・取得等の日から 6 か月以内にその家屋にこれらの親族が入居し、その後もその親族が引き続き入居しており、そのやむを得ない事情が解消した後はその所有者が共にその家屋に居住することとなると認められるときには、その家屋の所有者が入居し、引き続いて居住しているものとして取り扱うこととされています（措通41−1の 2 、41−2 ）。

Ａさんのケース

　Ａさんの場合は、Ａさんの奥さんと娘さんが、新築・取得の日か

ら6か月以内に入居し、引き続いて居住しており、3年後にはAさんも同居すると認められることから、「Aさんが入居し、引き続いて居住している」ものと認定され、住宅借入金等特別控除の適用が是認されたものです。

Bさんのケース

　Bさんの場合は、新築住宅に、Bさん及び家族が、新築の日から6か月以内に入居しておらず、入居しているのは、Aさんと生計を一にする親族に当たらない両親であることから、住宅借入金等特別控除の適用が否認されたものです。

 是否認の接点

　住宅借入金等特別控除を受けるためには、「その新築等家屋の所有者が、その取得等の日から<u>6か月以内に入居</u>し、かつ、その年の12月31日まで<u>引き続き居住</u>していること」が必要となりますので、例えば、サラリーマン（納税者）が住宅ローンにより新築住宅を取得したが、その後、転勤命令により単身赴任することとなった場合には、そのサラリーマン自身が12月31日まで引き続き居住していないことになりますので、単身赴任をした年以降の年分の住宅借入金等特別控除については、原則として適用できないことになります（単身赴任解消後居住の用に供した場合、一定の要件の下、再適用等ができる特例があります（措法41㉖㉙)。）。

　しかし、事例の納税者Aのような単身赴任の場合は、単身赴任の後も奥さんやお子さんは、その新築家屋に居住しており、かつ、その年の12月31日まで引き続き居住していることになりますので、通

達により、単身赴任解消後は同居すると認められることの条件を付
して、配偶者や扶養親族等の居住を所有者の居住として取り扱うこ
ととしているものです。

　Aさんの場合は、「生計を一にする親族、妻と娘さん」が取得等
後6か月以内に入居し、かつ、12月31日まで引き続き居住しており、
単身赴任解消後はAさんがその住宅で同居すると認められることか
ら、Aさん自身が居住しているものとして、是認されたものです。

　これに対して、Bさんの場合は、新築住宅に居住しているのが両
親であり、両親はBさんと生計を一にしている親族には当たらない
ことから、否認されたものです。

54

基準利率に達しない借入利率の借入金等（住宅借入金等特別控除）

調 査 事 例

　納税者Ａ、Ｂは、それぞれ、令和４年２月、次のとおり、住宅ローンを利用してマイホームを取得し、令和４年分の住宅借入金等特別控除を適用して、それぞれ期限内に確定申告書を提出した。

（納税者Ａ）

○　Ａは、甲銀行から住宅借入金を借り入れ、分譲マンションを取得し、令和４年３月に入居し、現在も居住の用に供している。なお、利息は、年率0.9％となっている。

（納税者Ｂ）

○　Ｂは、乙銀行から住宅借入金を借り入れ、一戸建てを取得し、令和４年３月に入居し、現在も居住の用に供している。なお、利息は、年率0.9％となっている。

○　Ｂの勤務先には福利厚生の制度として、住宅を借入金により取得した社員に対し、その利息相当分の一部を補塡する制度があり、Ｂはその補塡により、実質負担した利息相当額は、年率で0.1％相当額となった。

　ところが、税務調査において、Ａは是認されたが、Ｂは、住宅借入金等特別控除の適用が否認された。

住宅借入金等特別控除の対象となる借入金又は債務（以下「住宅借入金等」といいます。）とは、住宅の取得等に要する資金に当てるために金融機関等から借り入れた借入金及び債務（利息に対応するものを除きます。）で、契約において償還期間が10年以上の割賦償還の方法により返済することとされている借入金又は賦払期間が10年以上の割賦払の方法により支払うこととされている債務をいいます（措法41）。

　ただし、住宅借入金等には、その借入金等が無利息又は著しく低い金利による利息であるものとなる場合（基準利率（令和4年は年0.2%）に満たないもの）におけるその借入金等を含まないものとされています（措法41㉑、措令㊱）。

 ## Aさんのケース

　Aさんの場合は、住宅借入金等の年利率が0.9％で基準利率以上であるため、住宅借入金等特別控除の適用が是認されたものです。

 ## Bさんのケース

　Bさんの場合は、勤務先から借入金のいわゆる利子補給を受けており、Bさんがその補填により実質負担した利息相当額は、年率で0.1％相当額となっているため、住宅借入金等特別控除の対象となる「住宅借入金等」には該当しないとして住宅借入金等特別控除の適用が否認されたものです。

是否認の接点

　住宅借入金等特別控除の対象となる住宅借入金等は、「住宅の取得等に要する資金に当てるために金融機関等から借り入れた借入金及び債務で、契約において償還期間が10年以上の割賦償還の方法により返済することとされている借入金又は賦払期間が10年以上の割賦払の方法により支払うこととされている債務」であっても、その借入金等の利息が基準利率（令和4年は年0.2%）以上であるものに限られています。

　Aさんの場合は、住宅借入金等の年利率が0.9%で基準利率以上であるため、住宅借入金等特別控除の適用が是認されたものです。

　これに対して、Bさんの場合は、勤務先から借入金のいわゆる利子補給を受けており、その場合の住宅借入金等に該当しない「著しく低い金利による利息であるものとなる場合におけるその住宅借入金等」に該当するかどうかは、住宅借入金等に係るその年において支払うべき利息の合計額からその年において支払を受けた利子補給金の額（その支払うべき利息の額に対応するものをいいます。）の合計額を控除した残額が、支払うべき利息の算定方法に従い、その算定の基礎とされたその住宅借入金等の額及び利息の計算期間を基として基準利率（年0.2%）により計算した利息の額の年額に相当する金額未満であるかどうかにより判定することとされています（措通41-21）。

　Bさんはその補填により、実質負担した利息相当額は、年率で0.1%相当額となっているため、住宅借入金等特別控除の対象となる「住宅借入金等」には該当しないとして住宅借入金等特別控除の適用が否認されたものです。

V

所得控除・税額控除

55

団体信用保険の適用により
住宅ローン残高がなくなった場合の
住宅借入金等特別控除の適用

調 査 事 例

　納税者Ａ、Ｂは、５年前に、それぞれ銀行からの住宅ローンによりマイホームを取得し、その年以後毎年、住宅借入金等特別控除の適用を受けてきたが、令和４年８月10日、Ａ、Ｂとも、不慮の事故により死亡した。

　なお、この銀行からの住宅ローン契約の契約者は、いわゆる「団体信用保険」に加入することが住宅ローン契約の必須条件となっており、その死亡により、住宅ローン残高はなくなっている。

　Ａ及びＢの相続人は、それぞれ令和４年分の所得税等の準確定申告書を次により提出した。

（納税者Ａの相続人）

○　納税者Ａの相続人は、住宅借入金等特別控除の適用をしないで、準確定申告書を期限内に提出した。

（納税者Ｂの相続人）

○　納税者Ｂの相続人は、Ｂの死亡日現在の借入金残高を基に住宅借入金等特別控除額を計算し、その特別控除の適用をした準確定申告書を期限内に提出した。

ところが、税務調査において、Ａは是認されたが、Ｂは、住

宅借入金等特別控除の適用を否認された。

 　住宅借入金等特別控除は、個人が住宅の取得等をして、住宅の取得等をした日から6か月以内にその取得等をした住宅に入居した場合において、その者が住宅借入金等の金額を有するときは、住宅の種類及び住宅の取得等の種類に応じて計算した住宅借入金特別控除額を、控除期間内の各年分の所得税の額から控除するものです（措法41①）。

 ## Aさんのケース

　Aさんの場合は、その死亡により団体信用保険で住宅借入金等の残債が返済され住宅ローン残高はなくなっているため、住宅借入金等特別控除の適用をしないで準確定申告書を提出したため、その申告が是認されたものです。

 ## Bさんのケース

　Bさんの場合は、その死亡により団体信用保険で住宅借入金等の残債が返済され住宅ローン残高はなくなっているにも関わらず、Bさんの死亡日現在の借入金残高を基に住宅借入金等特別控除額を計算し、その特別控除の適用をした準確定申告書を提出したため、住宅借入金等特別控除の適用が否認されたものです。

 ## 是否認の接点

住宅借入金等特別控除は、その者が住宅借入金等の金額を有する

ときに、その住宅借入金等の年末（死亡の場合は死亡の日）の残高を基に計算した住宅借入金等特別控除額を所得税の額から控除するものです（措法41①）。

したがって、住宅借入金等特別控除の適用を受けていた者の死亡により団体信用保険で住宅借入金等の残債が返済された場合には、その死亡の日において住宅借入金等の残高がなくなることから、その死亡の年において、住宅借入金等特別控除の適用を受けることができません。

Ａさんの場合もＢさんの場合も、その死亡により団体信用保険で住宅借入金等の残債が返済されその死亡の日において住宅借入金等の残高はなくなっているため、住宅借入金等特別控除の適用を受けることはできません。

なお、遺族が受け取った生命保険から住宅借入金等の残債を返済した場合には、その死亡の日において住宅借入金等の残高があることから、住宅借入金等特別控除の適用を受けることができます。

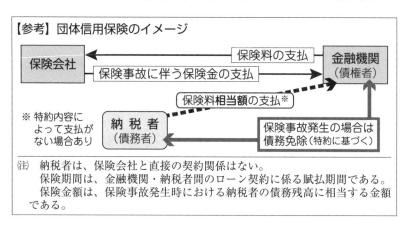

【参考】団体信用保険のイメージ

（注）　納税者は、保険会社と直接の契約関係はない。
　　　　保険期間は、金融機関・納税者間のローン契約に係る賦払期間である。
　　　　保険金額は、保険事故発生時における納税者の債務残高に相当する金額である。

【著 者 略 歴】

佐藤 和助（さとう わすけ）

　国税庁所得税課、税務大学校、東京国税局課税第一部、調査部、仙台国税局直税部及び各税務署並びに国税不服審判所の勤務を経て退官。平成20年8月税理士登録。平成21年9月から平成29年3月まで青山学院大学客員教授、平成22・23年度税理士試験試験委員、令和元年6月から令和5年6月まで東京税理士会会員相談室相談員、現在、税理士

渡辺 正弘（わたなべ まさひろ）

　国税庁所得税課、監督評価官室、税務大学校、東京国税局直税部、調査部及び各税務署並びに国税不服審判所の勤務を経て退官。平成24年6月税理士登録。平成25年4月から令和4年3月まで東京国際大学客員教授、現在、税理士

令和6年改訂版　所得税調査における是否認の接点

令和6年1月25日　初版印刷
令和6年2月15日　初版発行

不　許
複　製

著　者　　　佐　藤　和　助
　　　　　　渡　辺　正　弘
　　　　　　(一財)大蔵財務協会　理事長
発行者　　　木　村　幸　俊

発行所　　　一般財団法人　大　蔵　財　務　協　会
　　　　　　〔郵便番号　130-8585〕
　　　　　　東京都墨田区東駒形1丁目14番1号
　　　　　　(販　売　部) TEL03(3829)4141・FAX03(3829)4001
　　　　　　(出版編集部) TEL03(3829)4142・FAX03(3829)4005
　　　　　　URL　https://www.zaikyo.or.jp

落丁・乱丁はお取替えいたします。　　　　　　印刷　三松堂株式会社
ISBN 978-4-7547-3206-6